D0870497

DE L'AUTRE CÔTÉ

DES LARMES

Du même auteur

En partance...

DE L'AUTRE CÔTÉ DES LARMES

DES LARMES

Guide pour une traversée consciente du deuil

Suzanne Pinard

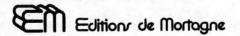 Éditions de Mortagne

Catalogage avant publication de Bibliothèque et Archives Canada

Pinard, Suzanne

De l'autre côté des larmes : guide pour une traversée consciente du deuil

2e éd. rev. et augm.

Comprend des réf. bibliogr.

ISBN 2-89074-704-2

1. Deuil - Aspect psychologique. 2. Travail de deuil. I. Titre.
BF575.G7P57 2005   155.9'37   C2005-941635-1

Édition
Les Éditions de Mortagne
C. P. 116
Boucherville (Québec)
J4B 5E6

Diffusion
Tél. : (450) 641-2387
Téléc. : (450) 655-6092
Courriel : info@editionsdemortagne.com

Montage et maquette intérieure
Transaction montage

Tous droits réservés
Les Éditions de Mortagne
© Copyright Ottawa 1997
© Copyright Ottawa 2005

Dépôt légal
Bibliothèque nationale du Canada
Bibliothèque nationale du Québec
Bibliothèque Nationale de France
4e trimestre 2005

ISBN 978-2-89074-704-3

3 4 5 - 05 - 09 08

Imprimé au Canada

Nous reconnaissons l'aide financière du gouvernement du Canada par l'entremise du Programme d'aide au développement de l'industrie de l'édition (PADIÉ) et celle du gouvernement du Québec par l'entremise de la Société de développement des entreprises culturelles (SODEC) pour nos activités d'édition. Gouvernement du Québec – Programme de crédit d'impôt pour l'édition de livres – Gestion SODEC

Tous les tableaux*, dessins et exercices de cet ouvrage ont été conçus par l'auteure et font partie de son enseignement. Par souci éthique et respect des droits d'auteur, toute utilisation sous toute forme, par quelque moyen électronique ou mécanique que ce soit, photocopie, enregistrement, ou par quelque forme d'entreposage d'informations ou de système de recouvrement, doit mentionner la référence complète, le nom de l'auteure, le titre de l'ouvrage et le nom de la maison d'édition.

* À l'exception du tableau : Indices d'un deuil non résolu (p. 175-176).

Toute ma reconnaissance

À Pauline, Louis, Édouard, Hélène, Denyse, Charles et à tous ceux et celles qui ont si généreusement témoigné de leur histoire de deuil, permettant ainsi à ce guide d'être plus humain.

À ce groupe composé de Michelle, Céline, Monise, Louise, Josette, Claude, Gisèle, Ginette, Micheline et Richard, que j'ai accompagnés durant leur traversée du deuil. Ils m'ont motivée pour la mise en chantier de ce livre. Tout au long de ce projet d'écriture, ils ont été mes « consultants », car il m'est arrivé souvent de les consulter en imagination, comme s'ils étaient assis autour de ma table.

À David, mon compagnon de route pendant 36 ans, pour sa patience à déchiffrer et à transférer sur traitement de texte mes notes manuscrites.

À Louis, mon frère spirituel, pour sa très discrète mais essentielle collaboration.

À Constance Lamarche et Michel Lemieux, pour leur soutien, leurs compétences et leur amitié.

Aux lecteurs et lectrices, témoins de la première version de ce livre, à mes filles Josiane et Liette, à mon gendre Alain, à ma belle-sœur Micheline ainsi qu'à Rolande Gaudreau et Marjolaine Guay, pour leurs critiques constructives. Grâce à eux, le contenu de *De l'autre côté des larmes* a pu être réajusté, modifié. À la communauté des sœurs du Sacré-Cœur de Saint-Hubert, pour le refuge bienveillant de leur demeure lorsque j'ai eu besoin de m'isoler pour écrire.

Et finalement, un merci tout particulier à Claude Picard pour l'inestimable complicité avec laquelle il a embrassé ce projet, pour la communion d'esprit qui transformait nos séances de travail, même les plus ardues, en réunions de profonde amitié et de plaisir, et pour le magnifique « cadeau du ciel » dont il a été le messager inspiré en nous offrant son poème *De l'autre côté des larmes*.

Ami lecteur, bonjour ! D'abord et avant tout, permettez-moi de vous dire que je suis très touchée du fait que vous teniez ce livre entre vos mains. Je devine les sentiments qui vous y ont conduit et je me sens très solidaire de vous dans votre démarche au cœur d'un monde marqué par la douleur et le chagrin. J'espère vraiment que vous trouverez dans ces pages le réconfort dont vous avez tant besoin.

Bien sûr, nous ne sommes pas ensemble dans un même espace physique, mais nous voici quand même réunis, vous et moi, dans un même espace... celui du cœur. Je vous invite à vous relier symboliquement en apposant votre signature sous la mienne :

Suzanne Pinard

_____

Dans le temps du cœur
Il n'y a plus de temps
Il n'y a que le cœur.
S. Pinard

DE L'AUTRE CÔTÉ DES LARMES

J'étais seul
    perdu dans cette nouvelle nuit
        plus noire que le noir
je n'y voyais plus rien
je ne savais même plus qui j'étais

pourtant j'étais là
abasourdi
brisé
je ne savais plus ce qui en moi continuait de respirer
la vie continuait de battre en moi
comme si cela se passait en dehors de moi

des larmes
des torrents de larmes se bousculaient en moi
et trouvaient parfois enfin le chemin de déborder
        de me libérer

puis les jours et les mois ont passé
des chemins invisibles se sont ouverts un à un
devant moi
et tout autour de moi

pas à pas
dans mon cœur tout autant que dans mon corps
j'ai apprivoisé ces chemins
lentement j'ai appris à m'y sentir de plus en plus chez moi
jusqu'à un jour avoir le sentiment d'habiter
ces nouveaux espaces qui m'étaient auparavant fermés

juste là de l'autre côté de cette arche invisible
que j'avais finalement traversée sans m'en rendre compte
il y avait un banc
   j'avais l'impression qu'il m'attendait
   comme s'il avait été posé là juste pour moi

j'ai répondu à l'invitation de ce banc : je me suis assis
au fur et à mesure que j'explorais du regard
les alentours de ce que je découvrais être
un immense et magnifique jardin
je me suis rendu compte
que j'étais chez moi

oui ce lieu
que je n'aurais jamais osé imaginer aussi beau
                        aussi doux
ce lieu c'était chez moi

en jetant un coup d'œil derrière moi
mes yeux se sont arrêtés sur l'arche que je venais de franchir
     comme si mon regard avait une nouvelle profondeur
     je commençais à voir qu'en fait
     cette arche faisait le geste de m'accueillir
     j'ai alors compris que c'était un passage :
     en franchissant le seuil de ce jardin intérieur
     dans lequel je me trouvais désormais
     je venais de traverser...
     de l'autre côté de mes larmes

je réalisais que par les longs détours de ma blessure
jour après jour et à mon propre rythme
j'avais fait l'apprentissage d'un chemin secret
qui mène finalement
de l'autre côté des larmes

c'est vrai désormais mes yeux étaient secs
mes torrents de peine s'étaient tus

pourtant quelque chose continuait de couler en moi
tout doucement
c'était un ruisseau tranquille
      un murmure permanent
     un petit chant de paix
         dans l'harmonie simple du dehors
         avec lequel je venais de me réconcilier

De l'autre côté des larmes
il y a soi en paix
         entouré par les bras invisibles de la Vie

il y a soi dont le regard se pose
         sur les choses et sur les êtres
         comme si on les découvrait une autre fois

il y a soi qui retombe en amour
         avec soi
         avec les autres
         puis avec la face cachée du monde
            celle qu'avant on n'osait pas regarder
            celle qu'on n'osait pas montrer
            celle pourtant qui contient
               notre vérité la plus intime
               notre chant intérieur le plus doux

de l'autre côté des larmes
tout ça s'ouvre
         et coule comme une rivière paisible
dans les terres neuves de notre petit quotidien.

© Claude Picard, juin 1997

TABLE DES MATIÈRES

La vérité n'est pas quelque chose que l'on peut écrire
ou tenir dans ses mains.
On ne peut tenir la vérité que dans son cœur.

PRÉSENTATION

Ce livre, je le porte en moi depuis toujours

Ce livre, je le porte en moi depuis toujours. Il est à la fois le reflet et la synthèse de mon histoire. Une histoire riche d'expériences et de connaissances, forgée par le quotidien, au fil des ans, à travers les événements heureux et douloureux. Elle me relie à des femmes, à des hommes et à des enfants qui ont contribué à la façonner telle qu'elle est. Je les remercie tous, sans exception.

Ce livre, c'est aussi l'histoire de plusieurs personnes qui ont parcouru les difficiles sentiers du deuil et qui ont accepté d'en témoigner. Même si leur nom et certains détails ont été changés par souci de confidentialité, leurs récits, eux, écrits à différentes étapes du deuil, sont authentiques. Grâce à eux, vous aurez parfois l'impression de lire votre propre histoire, et vous saurez que vous n'êtes pas seul dans votre souffrance.

Ce livre, je l'ai écrit pour qu'ensemble nous devenions de plus en plus conscients que nos larmes et nos souffrances ont le pouvoir de nous changer, de nous transformer, d'ouvrir le chemin de notre cœur et de notre vie.

À qui s'adresse ce livre

Ce livre parle du deuil, du processus de deuil, du travail de deuil. C'est-à-dire de ce parcours qui nous mène de la vallée des larmes jusque de l'autre côté des larmes, dans la lumière de l'acceptation et de la vie. Tout comme un guide bienveillant qui assure nos pas lorsque nous séjournons en territoire étranger, ce livre a pour mission première de vous fournir cartes et outils et de vous accompagner dans ce difficile épisode de votre vie.

La recherche en psychologie montre bien que toute perte significative constitue un deuil, qu'il s'agisse du décès d'un proche, d'une séparation, d'un divorce, d'une perte d'emploi, d'un revers de fortune, d'une perte d'intégrité, physique, psychologique ou intellectuelle, de la perte de son animal préféré. Les étapes présentées dans ce guide d'accompagnement constituent un canevas universel et peuvent donc s'appliquer à ces différents types de deuil. Cependant, en raison de mon expérience professionnelle plus spécifique – en même temps pour ne pas m'éparpiller –, j'ai choisi de traiter uniquement des deuils relatifs au décès d'êtres significatifs.

Ce livre s'adresse donc aux hommes et aux femmes :

- qui ont du chagrin et qui souffrent à la suite du décès d'un proche, quelle que soit la phase où ils se trouvent dans leur deuil ;

- qui se sentent encore affectés par un deuil, malgré le temps écoulé, et qui veulent, en toute conscience, mener à son terme ce deuil inachevé ;

- qui, peut-être sans le savoir, portent encore un deuil enfoui dans le secret de leur cœur.

Il s'adresse aussi aux hommes et aux femmes qui soutiennent et accompagnent des personnes en deuil ou qui, tout simplement, sont touchés par le deuil et la souffrance.

Un guide pratique

Vous avez entre les mains un guide, un compagnon à conserver près de vous. Considérez-le comme un ami qui pourra toujours vous accompagner, vers qui vous pourrez vous tourner à tout moment et que vous pourrez consulter en tout temps. C'est ainsi qu'il a été conçu, et c'est sa mission.

Ce livre peut être lu dans n'importe quel ordre. Toutefois, si votre but est de traverser votre deuil de façon consciente, je vous recommande de débuter par la section intitulée : « Introduction à la notion de deuil[1] ». Ceci vous évitera bien des pièges et des détours inutiles. Vous pourrez ensuite, selon vos états d'âme, vos besoins et vos questionnements, lire les chapitres dans l'ordre qui vous plaira.

Vous y trouverez plusieurs exercices titrés : *Pour m'aider à faire la traversée consciente de mon deuil...*, issus d'une longue pratique de l'accompagnement des endeuillés[2]. Ce sont, en quelque sorte, des « outils » qui, si vous vous en servez adéquatement, et à votre propre rythme, pourront vous aider à vivre plus consciemment l'expérience que vous traversez.

---

1. Titre de la première partie.
2. Pour alléger le texte, j'ai utilisé le terme « endeuillé » pour désigner les hommes et les femmes qui ont perdu une personne significative. Il en est de même pour le terme « défunt », qui englobe toute personne décédée, homme ou femme, qui était une personne significative pour l'endeuillé.

N'hésitez donc pas à les faire vôtres, prenez soin de toujours avoir un crayon à la portée de la main. Vous serez agréablement surpris des progrès qu'ils vous feront faire dans votre traversée du deuil.

Comme il s'agit d'un guide, n'hésitez pas non plus à souligner les passages qui vous paraissent importants, à annoter le texte dans les marges et à prendre des notes dans un cahier personnel. Emportez le livre et vos notes partout où vous allez, même au travail, pour pouvoir les relire, les méditer, alimenter votre réflexion, ou vous réconforter chaque fois que vous en avez besoin.

Si certains passages vous touchent particulièrement, lisez-les à plusieurs reprises. Vous constaterez probablement, d'une lecture à l'autre, des changements dans la compréhension que vous en avez et dans l'interprétation que vous en faites. La plupart du temps, ces changements sont un indice de votre progression dans votre travail de deuil.

Par contre, si certains propos vous blessent, vous gênent ou vous heurtent, ne perdez pas votre énergie à les contester ou à vouloir les intégrer à tout prix ; gardez plutôt cette précieuse énergie pour vous soigner, vous guérir, prendre soin de vous. Ce n'est sans doute pas le bon moment pour vous de les lire maintenant. Il est probable qu'en les relisant un peu plus tard, vous vous apercevrez que vous les comprenez différemment et qu'ils ne vous heurtent plus.

Si toutefois votre malaise persiste à l'égard de ces propos, il serait peut-être sage d'éclaircir ce qui peut se cacher derrière, en en discutant avec une personne compétente et expérimentée qui saura vous soutenir ou vous conseiller. Une telle démarche peut vous permettre de faire de grands pas.

Quelques précisions sémantiques

Le deuil étant une expérience humaine universelle, il interpelle invariablement nos croyances. Pour cette raison, je me suis appliquée à conserver la plus grande neutralité ou plutôt la plus grande universalité possible afin de transmettre un message d'espoir qui respecte les différentes religions, traditions spirituelles ou écoles philosophiques.

Cependant, comme j'aborde la dimension spirituelle du deuil, je suis bien forcée d'utiliser des mots qui peuvent avoir pour vous une connotation différente de celle que je leur donne. Aussi je voudrais préciser tout de suite le sens que je prête à ces mots.

- J'utilise souvent le terme **Forces de Vie**. Il correspond à la dimension sacrée de l'Univers, de l'Humain. Il représente toute énergie qui nous dépasse, c'est-à-dire le divin, tel que vous le concevez.

- Les mots **Dieu** et **le sacré** sont utilisés dans le même sens. Il s'agit de l'aspect le plus grand et le plus transcendant de notre existence, quel que soit le nom qu'on lui donne – Dieu, Bouddha, Puissance supérieure, Esprit cosmique, Intelligence suprême, Univers, etc.

- Le mot **compassion** désigne non pas une qualité, mais un état d'être, d'accueil total, sans jugement. « Accompagner avec compassion », c'est avoir une infinie présence à l'autre. Malheureusement, le mot « compassion » a été bien galvaudé. Aussi je tiens à préciser que la compassion n'est pas de la pitié, car là où commence la pitié finit la compassion.

- Le terme **accompagner** vient du latin *cum pane*, « avec du pain ». Accompagner veut donc dire partager le pain, partager avec quelqu'un ce qui est essentiel à la vie.

- Le verbe **bénir** n'a aucune connotation religieuse. Il peut avoir deux sens : celui d'une reconnaissance profonde, qui correspond à « un grand merci ! » et celui de l'accompagnement spirituel, qui signifie : « Je vous veux du bien. »

Malgré tout ce que je viens de dire, je sais que les mots ne sont que des mots et que chaque personne leur donne le sens qu'elle veut bien. Que faire si vous rencontrez des mots comme « Dieu » ou « Forces de Vie » et que ces mots ne vous conviennent pas ? Remplacez-les simplement par d'autres mots que vous jugez plus adéquats et poursuivez votre lecture. L'essentiel, c'est que vous puissiez reconnaître et nommer cette dimension spirituelle à votre façon, afin d'y puiser l'énergie et l'espoir dont vous avez besoin pour traverser sainement l'épreuve du deuil.

Finalement, vous remarquerez que j'évite les expressions « personne chère » ou « être cher » et que j'utilise plutôt les termes « proche » ou « personne significative ». Ce choix est délibéré et un exemple suffira à l'expliquer. Un jour que j'accompagnais un groupe d'endeuillés, un des participants est entré dans une violente colère lorsque furent prononcés les mots « perdre un être cher ». Durant son enfance et son adolescence, cet homme a été victime de violence de la part de son père. Bien que ce soit de façon négative, ce dernier n'en demeurait pas moins une « personne significative » dont le deuil était particulièrement difficile à traverser.

Nouvelle édition

Puissé-je être éclairée tout au long de ce travail de réédition afin que de plus en plus de personnes en deuil traversent en toute conscience... de l'autre côté des larmes...

Que le meilleur m'arrive !

Telle a été ma prière au moment de commencer ce travail de révision et d'écriture, me reliant aux personnes qui m'avaient signalé leurs difficultés avec certaines parties de la première édition et à qui j'avais fait la promesse d'apporter un nouvel éclairage.

C'est ainsi que j'ai été particulièrement amenée à retravailler la notion de détachement, qui se situe au cœur du travail de deuil et dont l'incompréhension ou l'interprétation erronée cause tellement de souffrance additionnelle, et pourtant évitable. Tout un défi : tenter de transmettre en quelques lignes, dans le cadre de cet ouvrage, le fruit de nombreuses années de recherches, de réflexion et que, finalement, j'ai intégré profondément par l'expérience. Pour moi, il est clair qu'il n'est pas besoin de comprendre intellectuellement le mécanisme complexe du véritable détachement pour ressentir dans tout son être l'apaisement qu'il procure.

J'ai donc utilisé une variété de mots simples, à la portée de tous, et je les ai appuyés avec d'authentiques témoignages propres à inspirer le désir d'apprendre à moins souffrir. De même, à partir des enseignements d'une grande tradition spirituelle orientale, j'ai conçu un exercice qui recèle une belle sagesse et dont la pratique s'applique à la fois lors de traversées du deuil et dans les situations de la vie courante.

Je me suis également reliée à un autre groupe de personnes auxquelles j'ai eu souci d'apporter du réconfort ; ce sont ces parents en deuil, dont certains m'avaient dit s'être sentis les grands oubliés de la première édition, n'ayant que très peu d'histoires auxquelles il leur était possible de s'identifier, de se référer.

Et finalement, autres souffrants et non les moindres, j'ai eu une pensée toute spéciale pour les endeuillés à la suite d'un suicide ; malheureusement, ils sont nombreux, trop nombreux, aux prises avec une incompréhension et une douleur insoutenable.

MERCI, en tout premier, à tous ceux et celles qui m'ont confirmé l'utilité de mes écrits et qui ont eu la confiance et la générosité de me faire part de leur besoin d'une meilleure compréhension, et qui, le faisant, auront finalement contribué à aider des milliers d'autres personnes.

Un **MERCI** particulier à tous ces parents dont l'enfant est décédé et qui ont si généreusement accepté de revisiter leur histoire de deuil, parfois avec tristesse, et m'ont offert leurs témoignages ; j'ai respecté la demande d'anonymat pour certains d'entre eux et, pour les autres, j'ai acquiescé à leur touchant désir d'inscrire, en hommage, le prénom de leur fils, de leur fille.

Ma gratitude également...

À Max Permingeat, le grand patron des Éditions de Mortagne, pour sa confiance, son ouverture et son enthousiasme chaleureux lorsque je lui ai proposé ce projet.

À toute son équipe, qui me fait une place que je considère comme privilégiée.

À ma fille Liette, ma psychologue préférée, qui a su baliser mes grandes envolées théoriques.

À ma fille Josiane et à ma belle-fille Lise, qui malgré leur disponibilité restreinte à ce moment m'ont fait des suggestions et des commentaires qui se sont révélés très utiles.

À Francine Bonnier, dont les propos de sagesse, riches de multiples métaphores, m'ont permis à maintes reprises de clarifier ma pensée.

À Claire Foch, pour son amitié et sa collaboration ponctuelle relativement au deuil des enfants.

À Claude Picard, le maître-joaillier de mes mots, pour la complicité et la magie à la création du conte *Samuel et sa barque,* conte où s'inscrit en filigrane, avec douceur et clarté, le cheminement d'un deuil.

À Monique Picard Gosselin pour son authenticité et sa collaboration ponctuelle.

À vous tous et toutes du Québec et de la France, dont le soutien spirituel s'est manifesté dans l'ombre ; soyez remerciés de votre lumière très précieuse.

MERCI aux Forces de la Vie ; je termine ce travail avec le sentiment profond de l'achèvement pour moi d'une œuvre qui commence à « vivre ».

Et maintenant : *Que le meilleur arrive !*

PREMIÈRE PARTIE

INTRODUCTION À LA NOTION DE DEUIL

> *Apprendre c'est changer.*
> *L'éducation est un processus*
> *qui change celui qui apprend.*
>
> Georges Léonard

L'histoire de Krisha Gotami et du Bouddha

Krisha Gotami est une jeune femme qui eut la chance de vivre au temps de Bouddha. Quand son premier enfant eut environ un an, il tomba malade et mourut. Écrasée de chagrin, serrant le petit corps contre elle, Krisha Gotami se mit à errer dans les rues, implorant ceux qu'elle rencontrait de lui donner un remède qui rendrait la vie à son enfant. Certains l'ignorèrent, d'autres se moquèrent d'elle, d'autres encore la crurent folle, mais finalement, sur le chemin, un homme sage lui dit que la seule personne au monde pouvant accomplir le miracle était le Bouddha.

Elle alla donc voir le Bouddha, déposa le corps de son enfant à ses pieds et lui raconta son histoire. Le Bouddha l'écouta avec une infinie compassion, puis lui dit doucement : « Il n'y a qu'un remède au mal qui t'assaille. Descends à la ville et rapporte-moi une graine de moutarde provenant d'une maison où il n'y a jamais eu de mort. »

Transportée de joie, Krisha Gotami se mit immédiatement en route pour la ville. S'arrêtant à la première maison qu'elle vit sur son chemin, elle dit : « Le Bouddha m'a demandé de lui rapporter une graine de moutarde d'une maison qui n'a jamais connu la mort. »

« Beaucoup de gens sont morts dans cette maison », lui fut-il répondu. Elle se rendit à la maison suivante : « Notre famille a connu des morts innombrables », lui dit-on. De même à la

troisième et à la quatrième maisons. Finalement, ayant fait le tour de la ville, elle réalisa que la requête du Bouddha ne pouvait être satisfaite.

Elle emporta le corps de son enfant au cimetière et lui adressa un dernier adieu, puis elle s'en retourna auprès du Bouddha. Celui-ci lui demanda : « As-tu apporté la graine de moutarde ?

– Non, dit-elle. Je commence à comprendre ce que vous avez voulu me montrer. Le chagrin m'a aveuglée et j'ai cru que j'étais la seule à avoir été éprouvée par les souffrances de la mort. »

Cité dans *Le livre tibétain de la vie et de la mort*
de Sogyal Rimpoché, p. 54-55

LE DEUIL : RÉALITÉ UNIVERSELLE ET EXPÉRIENCE UNIQUE ET INTIME

Dans les sociétés occidentales où il faut se montrer fort, être un gagnant, le deuil est nié, banni, presque occulté ou du moins ignoré, car il vient nous dire que nous avons perdu. Synonyme de souffrance, il contredit directement les valeurs véhiculées par l'esprit matérialiste, qui sont la recherche perpétuelle de la facilité et du bonheur instantané.

Pourtant, depuis que le monde est monde, le deuil, comme la mort, fait partie intégrante de la vie. Et l'histoire de Krisha Gotami illustre très bien cette réalité universelle. Le deuil nous concerne tous sans exception, sans égard à notre fortune, à notre rang, à notre éducation, à notre religion, à notre sexe, à notre âge ou à la couleur de notre peau.

Mais si le deuil est une réalité universelle, chaque deuil est particulier. On ne peut comparer le deuil d'un parent (père, mère) avec celui d'un enfant, d'un conjoint, d'un ami, d'un amant ou d'un collègue de travail. La personnalité de l'endeuillé, son âge, son sexe, son histoire, sa capacité de faire face aux événements tragiques ou d'exprimer ses émotions, voilà autant de facteurs qui influencent la façon de vivre un deuil.

La relation avec le défunt était-elle harmonieuse ou conflictuelle ? Depuis combien de temps durait-elle ? Quel était le degré d'attachement entre l'endeuillé et le défunt ? Y avait-il un lien de dépendance entre les deux ? Est-ce qu'on a pu faire la paix et régler les situations en suspens avant la mort ? Quelle place occupait le défunt dans le quotidien ? Quel est l'état de santé physique et psychologique de l'endeuillé ? Est-il bien entouré ? Quelle est sa situation économique ? Ce deuil survient-il en même temps que d'autres difficultés, une perte d'emploi ou un divorce, par exemple ?

Chaque endeuillé trouvera une réponse différente à ces questions, et c'est ce qui confère au deuil son caractère personnel et unique. Mais quelles que soient les causes et les circonstances entourant le décès d'un proche, le deuil représente toujours une expérience douloureuse et difficile à vivre. La douleur, le chagrin et toutes les émotions que peut susciter la mort s'exprimeront différemment selon les personnes, mais le deuil n'en sera pas moins éprouvant.

Le deuil est difficile à vivre à cause de la cassure des liens qu'il provoque. Il nous met aussi face à notre propre mortalité en nous rappelant notre fragilité, notre vulnérabilité.

Voici un témoignage à ce sujet :

> *Quand mon beau-frère, qui a le même âge que moi, est décédé, je ne comprenais pas les raisons pour lesquelles j'étais tellement ébranlée, secouée. J'étais peu attachée à lui, et nous n'avions rien en commun, outre le fait qu'il*

> *était marié à ma sœur. J'ai pris graduellement conscience*
> *que la mort de Paul m'indiquait clairement « qu'un jour*
> *ce serait mon tour ».*

De telles situations sont fréquentes dans les centres hospitaliers où les personnes qui meurent des suites d'un accident, du cancer et du sida ont souvent le même âge que les soignants. C'est ce qu'une infirmière a vécu :

> *En tant qu'infirmière, je suis confrontée régulièrement à*
> *la mort de personnes de mon âge. Je suis troublée chaque*
> *fois. Qu'adviendrait-il de mon conjoint, de mes enfants*
> *s'il m'arrivait la même chose ? Et je me fais toujours la*
> *réflexion suivante : « Non, je ne veux pas mourir ! »*

Toute situation qui fait appel aux Forces de Vie qui sont en nous et nous confronte à notre propre mort est une expérience intime.

Mon approche

Il y a donc autant de visages du deuil qu'il y a d'endeuillés. Malgré toutes les recherches effectuées ces dernières années sur le deuil et le processus de deuil, la science n'est pas encore arrivée à décrire la profondeur de cette épreuve. Cependant, les chercheurs sont parvenus à distinguer diverses étapes dans ce processus et ils ont élaboré des modèles théoriques très utiles pour venir en aide aux endeuillés. Ces modèles offrent des points de repère sûrs et, tels des poteaux indicateurs sur notre parcours, ils peuvent nous empêcher de nous perdre en cours de route.

L'approche que je préconise, ancrée dans le vécu et fondée sur plusieurs années d'accompagnement auprès des endeuillés, est inspirée de certains de ces modèles. Elle touche toutes les dimensions de l'être humain : cognitive, affective, corporelle, sociale et sexuelle. À celles-ci s'ajoute, principale particularité de mon approche, la dimension spirituelle, que j'explore d'une façon qui transcende les croyances religieuses particulières.

Il s'agit donc d'une approche globale, qui inclut toutes les dimensions, toutes les facettes du vécu humain lors d'un deuil, que je vous propose dans les pages qui suivent.

LE PROCESSUS DE DEUIL : MIEUX LE COMPRENDRE POUR MIEUX LE VIVRE

Le mot « deuil » vient du latin *dolore,* qui signifie « douleur ». Mais le deuil, même si on peut le comparer à une blessure, n'est pas une maladie. C'est plutôt un processus, un travail psychique qui comprend à la fois un détachement et une réorganisation. Cette démarche demande beaucoup d'énergie et de courage, mais elle est nécessaire pour retrouver l'équilibre, pour pouvoir progresser et pour acquérir plus de maturité.

On peut décrire ainsi cette expérience :

Le deuil, c'est l'ensemble des réactions d'ajustement, d'adaptation et de transformation nécessaires pour que l'on puisse vivre sainement et de façon autonome après le décès d'une personne significative.

Le deuil est donc un processus de « réparation » et de « guérison », une démarche globale dont le déroulement appartient à l'endeuillé. Il consiste à défaire les liens affectifs qui ont tissé la relation de l'endeuillé avec la personne décédée, puis à apprendre à vivre autrement, sans l'autre.

Défaire les liens ne veut pas dire oublier la personne décédée. Au contraire, cela implique qu'on se souviendra mieux de cette personne, telle qu'elle était. C'est, en quelque sorte, arriver à avoir une image *réaliste* aussi bien de la personne elle-même que de la relation vécue avec elle. Une fois défaits, ces liens affectifs n'interfèrent plus dans la vie de l'endeuillé, et celui-ci peut de nouveau s'investir pleinement dans le monde des vivants.

Les cinq étapes du processus de deuil

Le deuil est donc un processus qui, selon tous les auteurs consultés, comprend différentes étapes. Celles-ci sont marquées par un ensemble de réactions observables qui servent de points de repère lorsqu'on traverse son deuil de façon consciente. La séquence des étapes reflète l'ordre dans lequel ces réactions apparaissent généralement. Toutefois, cela ne veut pas dire qu'elles suivent toujours cet ordre ou qu'elles se déroulent selon un programme rigoureux et immuable.

Les étapes ont tendance à se succéder, mais il peut se produire un retour surprenant à une étape que l'on croyait avoir franchie. Ces va-et-vient, s'ils sont bien vécus, se font toutefois de moins en moins fréquents à mesure que l'on avance et ils sont de plus en plus faciles à vivre.

Dans le modèle que j'ai conçu à partir de mes observations personnelles, le processus de deuil comporte cinq étapes successives, qui présentent une caractéristique particulière : les quatre premières peuvent se chevaucher, mais lorsqu'elles sont bien vécues, et qu'on passe à la cinquième, il n'y a pas de retour en arrière.

Les cinq étapes du deuil

Le deuil vient interrompre le rythme habituel du quotidien.

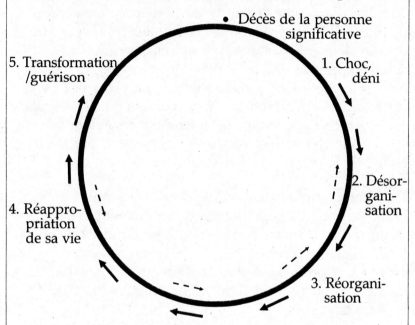

• Décès de la personne significative

5. Transformation /guérison

1. Choc, déni

4. Réappropriation de sa vie

2. Désorganisation

3. Réorganisation

Quelques caractéristiques de chacune des étapes

1. Résistance à la souffrance, incrédulité, refus, rigidité

2. Déchirement, obscurité, effondrement, désespoir, état dépressif

3. Détachement, expression des émotions, réparation, espoir, désinvestissement de la relation avec la personne décédée

4. Réflexion, nouvelle identité, changement des valeurs, créativité, sens, investissement dans le monde des vivants

5. Transformation, pardon, libération, guérison, ouverture à la vie

Étape 1 : le déni

Même dans les situations où le décès était prévisible, lorsque celui-ci survient, l'endeuillé est en état de choc, incapable d'accepter la réalité de la disparition définitive du défunt. Il a l'impression de vivre dans un rêve, ce qu'il exprime souvent par des phrases telles que : « Je suis comme dans une bulle. » ou « Je sais que je vais me réveiller et que ce ne sera pas vrai. » La peine et la souffrance sont tellement intenses à ce moment qu'elles ne peuvent émerger. Cette incapacité à ressentir les émotions peut être considérée comme une forme de sagesse qui protège l'endeuillé et l'empêche de s'effondrer.

Ce déni, ce refus, peut aussi prendre la forme subtile de la rationalisation, ce qu'illustrent parfaitement des propos tels que : « Il est bien mieux mort, sa souffrance est finie. » ou « Quels problèmes elle s'évite en mourant aussi jeune ! » Ces propos peuvent être adéquats ou exacts, mais au moment où ils sont tenus, leur fonction est d'aider à gérer ses émotions.

Car le déni agit comme un mécanisme de défense qui assure temporairement l'équilibre émotif. Il peut aussi être considéré comme un réflexe de survie grâce auquel l'organisme peut régulariser son énergie, le temps de faire face aux obligations consécutives au décès. Il s'agit donc d'une stratégie utile et même nécessaire à court terme, et qui permet d'admettre progressivement la mort de la personne significative.

La durée du déni est variable. Elle peut aller de quelques minutes à quelques heures ou à quelques semaines, selon les circonstances et les personnalités. Il est également possible qu'on ait recours au déni pour atténuer temporairement la souffrance lorsqu'on traverse d'autres étapes du deuil. Cependant, si le déni se prolonge et que la personne persiste à ne manifester aucune émotion, ou si elle continue à vivre et à faire comme si la personne n'était pas morte, si elle s'y accroche, s'y attache, il serait souhaitable qu'elle consulte un professionnel en relation d'aide compétent.

Il arrive fréquemment que l'entourage encourage l'endeuillé à persister dans le déni, qui est alors perçu – à tort – comme un signe de force, la preuve que l'endeuillé s'en sort bien (c'est tout le contraire qui se produit). Cette attitude n'incite pas à passer à l'étape suivante qui est celle où les émotions font surface. **La difficulté dans le deuil n'est pas d'en sortir, mais d'y entrer, avec la souffrance que cela comporte.**

Étape 2 : la désorganisation

Graduellement, le quotidien vient rappeler à l'endeuillé que l'être significatif décédé ne reviendra plus, qu'il ne fera plus jamais partie de son environnement. Cette prise de conscience profonde génère souvent un état de tension et d'agitation, comme si un autre malheur devait survenir incessamment. Le chagrin prend place et soulève des vagues d'émotions. Des sensations physiques douloureuses peuvent se manifester, souvent accompagnées de crises de larmes. Les personnes ont la sensation d'étouffer. Elles ont des points dans la poitrine qui irradient au niveau du dos. Ces réactions surviennent souvent de façon inattendue, imprévisible. L'endeuillé a l'impression de ne plus avoir de prise sur sa vie, ce qui peut provoquer un sentiment de panique.

L'absence se faisant de plus en plus sentir, l'ennui et la nostalgie deviennent parfois insoutenables, à un point tel que l'endeuillé a du mal à croire ce qui lui arrive. Il peut alors chercher la personne décédée dans des endroits qu'elle fréquentait habituellement ou même avoir l'impression de l'y voir.

L'endeuillé peut éprouver à la fois soulagement et ennui, amour et colère à l'égard du défunt, et cela augmente encore son état de confusion. Des émotions parfois ambivalentes, parfois contradictoires le déstabilisent. Sa capacité à se concentrer et à effectuer ses tâches habituelles peut en être affectée. Ces réactions inhabituelles le troublent profondément et peuvent l'amener à mettre en doute sa propre santé mentale.

Durant cette phase, l'endeuillé peut avoir tendance à s'isoler et perdre tout intérêt pour ses activités coutumières telles que le sport ou le cinéma. À certains moments, il se pense incapable de continuer à vivre sans la présence du défunt. Il se sent inutile, n'a plus de motivation, est très déprimé et subit une baisse générale d'énergie. Il croit et affirme qu'il ne pourra jamais aimer à nouveau.

Le quotidien est très difficile à vivre à cette étape. Il n'y a plus de stabilité, l'avenir avec le défunt n'est plus possible et le présent est constamment envahi par les événements et les souvenirs du passé.

C'est une étape très pénible à vivre.

Étape 3 : la réorganisation

Le désinvestissement par rapport à la relation qui vient de prendre fin caractérise cette étape. Les réactions que nous avons décrites précédemment diminuent progressivement d'intensité et de fréquence. On peut aisément comparer la réorganisation à une convalescence ; mais, dans les premiers temps, l'équilibre émotif est très fragile et risque de basculer au moindre choc.

Puis, au fur et à mesure que s'effectue le travail de « réparation », l'endeuillé retrouve plus de stabilité. Les souvenirs refont surface et, graduellement, l'histoire du vécu avec le défunt se reconstitue. Les séquences liées aux circonstances entourant le décès et les funérailles surgissent tout d'abord, suivies par celles relatives aux moments particulièrement heureux et significatifs vécus ensemble. Ces rappels suscitent les émotions les plus diverses, qui font passer des pleurs aux rires.

L'endeuillé pourra alors avoir deux types de comportements. Ou bien il sera tenté d'intercepter les séquences liées aux moments où la relation avec le défunt a pu être marquée par l'agressivité, la violence ou les conflits. Ou bien il aura tendance à idéaliser cette relation. Souvent, il cachera inconsciemment un sentiment de culpabilité ou il craindra que des émotions niées, refoulées ou considérées comme destructives le bouleversent trop. Même si ce travail douloureux exige du courage, demande du temps et semble prolonger le deuil, il est indispensable ; sans quoi l'endeuillé ne parviendra ni à identifier ni à mener à leur terme, s'il y a lieu, les situations restées en suspens. Et, dans ces conditions, comment pourrait-il faire la paix avec le défunt ? **La reconnaissance, l'acceptation et la libération des émotions constituent la tâche la plus importante du travail de deuil.**

Malgré tout, et parallèlement, la vie reprend un cours plus normal. Dans bien des cas, la personne apprendra à jouer un rôle social différent, et son environnement se reconstruira en conséquence. Il arrive que l'endeuillé se sente coupable de ce détachement et qu'il ait peur d'oublier complètement.

Le défunt n'est pas oublié, mais son absence est de plus en plus supportable et il occupe de moins en moins de place dans les pensées et les sujets de conversation. La souffrance s'amenuise peu à peu et l'endeuillé acquiert progressivement l'impression de mieux diriger sa vie. Toutefois, le deuil n'est pas encore terminé.

Étape 4 : la réappropriation de sa vie

L'endeuillé quitte peu à peu son monde émotif, ce qui le rend capable d'un certain recul, puis il fait le bilan de l'expérience qu'il est en train de vivre. Il évalue en quelque sorte ce qu'il a perdu, ce qu'il lui reste et ce qu'il a appris.

Cette démarche de réflexion lui fait prendre conscience des ressources qu'il a dû déployer pour survivre et pour traverser l'épreuve. Cette découverte contribue à renforcer son estime de soi et sa fierté. Sa souffrance l'a rapproché de sa propre identité. De ce fait, il s'ouvre à des perspectives d'avenir différentes, parfois à un environnement nouveau, à des projets sans l'autre. Cette créativité renouvelée vient redonner un sens à sa vie.

Les étapes de la réorganisation et de la réappropriation de sa vie se chevauchent. Au fur et à mesure que l'endeuillé libère son chagrin, il acquiert une meilleure connaissance de soi. Il peut créer à nouveau des liens avec les vivants.

Étape 5 : la transformation et la guérison

Le deuil est l'occasion d'aller à l'intérieur de soi pour découvrir ses ressources profondes, car la souffrance vécue consciemment est souvent un stimulant pour évoluer et s'ouvrir aux autres. Il est donc nécessaire de vivre à fond les quatre premières avant de passer à la cinquième.

L'endeuillé est maintenant prêt à pardonner et à demander pardon au défunt pour les manquements et blessures qui ont marqué la relation. Il est également en mesure de se pardonner à lui-même et de remercier le défunt de l'expérience qu'il lui a laissée en héritage.

L'endeuillé laisse finalement partir le défunt en le bénissant. Il dispose alors de toutes les ressources d'amour et d'énergie qu'il avait consacrées à la relation avec l'autre et il peut les investir dans le monde des vivants.

La personne qui vit cette étape intensément sait qu'un lien spirituel avec le défunt subsiste et que ce lien sera toujours vivant au fond de son cœur. Ce savoir intime assure la transformation de l'être, sa guérison. Désormais libéré des liens affectifs qui l'unissaient au défunt et après avoir fait la paix avec lui, l'endeuillé est plus conscient de son potentiel et de ses capacités. Souvent, il modifie son échelle de valeurs et vit de façon plus consciente.

Même plusieurs années après le décès, l'endeuillé peut encore éprouver de vives émotions lorsqu'il revoit des lieux ou retrouve des objets significatifs, ou encore à l'occasion d'un anniversaire, d'une naissance, d'un autre décès. Cela ne signifie pas pour autant que le deuil ne soit pas terminé. Permettre à ces émotions d'être libérées procure généralement l'équilibre.

Faire son deuil, c'est...

En résumé, faire son deuil, c'est :

– Dépasser les résistances

– Reconnaître la mort de la personne significative

– Défaire les liens affectifs qui nous unissaient à cette personne

– Régler les situations restées en suspens ou inachevées

– Libérer toutes les émotions que ce travail fait émerger

– Faire le bilan de l'expérience vécue, ce qui lui donnera un sens

– Réinvestir dans le monde des vivants

– Pardonner et se faire pardonner pour tous les manquements qui ont marqué l'histoire de la relation, se pardonner aussi à soi-même

– Remercier le défunt de l'héritage spirituel qu'il nous a laissé et qui enrichit notre vie

– Le laisser partir en le bénissant

– S'ouvrir différemment au monde qui nous entoure

Faire son deuil implique que la personne en deuil s'engage dans un travail personnel dont l'objectif est le détachement progressif et, par voie de conséquence, l'apaisement de sa douleur.

Chaque personne est unique

Vous êtes une personne aussi unique que le sont vos empreintes digitales. L'expérience profonde du deuil rejoint tout votre être.

Ouvrez-vous avec douceur, accueillez avec bienveillance vos émotions, votre souffrance.

Vous n'êtes pas seul, je vous accompagne avec tendresse et compassion.

Pour m'aider à faire la traversée consciente de mon deuil...

Sur le chemin de mon deuil

À la suite du décès de _____,
survenu le_____

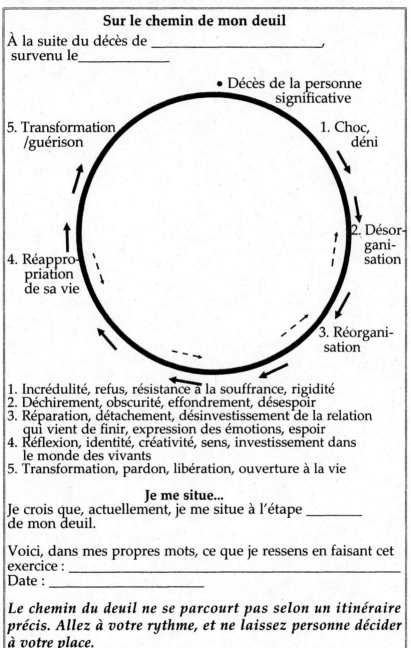

• Décès de la personne
significative

5. Transformation
/guérison

1. Choc,
déni

2. Désor-
gani-
sation

4. Réappro-
priation
de sa vie

3. Réorgani-
sation

1. Incrédulité, refus, résistance à la souffrance, rigidité
2. Déchirement, obscurité, effondrement, désespoir
3. Réparation, détachement, désinvestissement de la relation
   qui vient de finir, expression des émotions, espoir
4. Réflexion, identité, créativité, sens, investissement dans
   le monde des vivants
5. Transformation, pardon, libération, ouverture à la vie

Je me situe...

Je crois que, actuellement, je me situe à l'étape _____
de mon deuil.

Voici, dans mes propres mots, ce que je ressens en faisant cet
exercice : _____
Date : _____

*Le chemin du deuil ne se parcourt pas selon un itinéraire
précis. Allez à votre rythme, et ne laissez personne décider
à votre place.*

DEUXIÈME PARTIE

LE DÉNI ET LA DÉSORGANISATION

Toute lutte dans la vie n'est qu'un chaos qui aspire à l'ordre.

Khalil Gibran

Le déni et la désorganisation

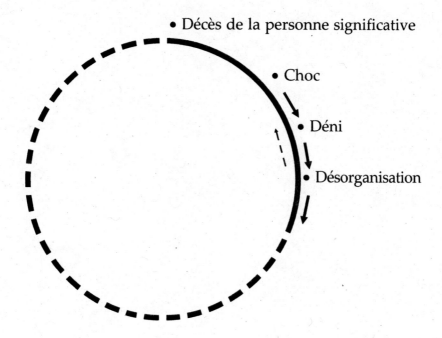

- Déni, résistance à la souffrance, incrédulité, refus, rigidité

- Désorganisation, déchirement, obscurité, effondrement, désespoir, état dépressif

L'histoire de Pauline

Pauline, 52 ans, a perdu son mari, Luc, tué dans un accident.

Quand les policiers m'ont annoncé que Luc avait eu un terrible accident de voiture en revenant de son travail et que son décès avait été constaté dès son arrivée à l'hôpital, 20 minutes plus tard, c'est comme si on m'avait asséné un violent coup de bâton sur la tête. J'ai vacillé, étourdie par le choc.

Puis je me suis ressaisie. L'état dans lequel je me suis retrouvée est difficile à décrire. Je me sentais comme dans une bulle ; j'étais à la fois au-dessus et en dehors des événements. Je me souviens d'avoir pleuré un peu, mais j'ai très vite décidé que je devais garder la maîtrise de la situation.

J'ai demandé à nos deux fils d'aller identifier leur père à l'hôpital, car ça, je n'en avais pas la force. J'ai insisté pour qu'on me laisse prendre en charge l'organisation funéraire. Je devais bien cela à Luc, et il voulait sûrement que je sois forte. Pour lui, tout serait parfait ; et tout a été parfait.

Durant les semaines qui ont suivi le décès, je me suis remémoré avec une grande précision les moindres détails entourant la veillée funèbre, la cérémonie religieuse et la réception.

J'avais l'impression de rêver tout en étant consciente de la réalité, par exemple la présence des proches et des collègues de travail de Luc au salon funéraire. Leurs gestes de sympathie me faisaient du bien. J'entendais leurs paroles d'encouragement : « Fais attention à toi. » ; « Sois forte. » ; « Prends des pilules pour dormir si tu veux tenir le coup. » J'entendais aussi les remarques à la fin de la réception : « Tu as bien fait cela. » ; « Tu peux compter sur nous. » ; « Nous sommes là. »

J'ai pleuré un peu lors de la cérémonie où les cendres de Luc ont été déposées au cimetière, quelques jours après les funérailles, mais j'ai rapidement pris sur moi...

J'ai pris la situation en main durant toute la durée requise pour régler les aspects légaux et financiers reliés au décès. J'étais bien entourée : mes fils étaient présents ; mes voisins venaient régulièrement prendre de mes nouvelles, m'apportant des petits plats, des légumes de leur jardin. Ils m'exprimaient leur soulagement de constater à quel point je m'en sortais bien.

Je croyais moi aussi bien m'en sortir. J'étais forte et je consolais mes fils, leur faisant valoir le fait que leur père s'était évité une mise à pied, pour ne pas dire une mise au rancart ; qu'une telle situation l'aurait peut-être tué, et que c'était mieux ainsi, etc. Je me faisais convaincante pour les aider à faire leur deuil le plus rapidement possible.

Le quotidien m'a replacée graduellement dans ma dure réalité. Tout ce qui m'était si familier changeait de visage : les repas à préparer pour une seule personne, la place à table qui restait inoccupée, les bruits de pas dans le corridor, que l'on espère mais qui n'arrivent pas, la petite note souhaitant bonne journée qui n'est plus placée bien en vue sur la table... Tous ces gestes qui paraissaient si anodins quand Luc était là prenaient soudain une grande importance, créant un vide incroyable.

Je prenais peu à peu conscience que ce ne serait plus jamais pareil et je luttais contre la tristesse. Un matin, en me levant, j'ai été prise de vertige. Tout s'est mis à vaciller dans la pièce. J'avais très mal, un mal difficile à décrire. J'avais l'impression qu'une digue érigée au niveau de ma poitrine était sur le point de céder.

Je sentais des fissures en moi et j'avais de la difficulté à retenir ce que je ne pouvais nommer. J'ai cependant réussi à me calmer, à me maîtriser. Mais, durant les jours qui ont suivi, j'ai commencé à avoir peur, une peur indescriptible. J'avais peur de tout et de rien. Je faisais le guet, appréhendant je ne sais quoi, comme si un autre malheur allait m'arriver. Même un acte aussi simple que celui d'aller à l'épicerie m'angoissait.

L'absence de Luc m'était à certains moments insoutenable, particulièrement au cours de la soirée et durant les week-ends. J'avais l'impression de le voir partout, dans le salon, dans la cour. Parfois je me retournais dans la rue, certaine de l'avoir aperçu. À chaque sonnerie de téléphone, je me précipitais pour aller répondre... à Luc !

Étais-je en train de devenir folle ? de perdre la raison ? Étais-je victime d'hallucinations ?

Mon sommeil n'était pas très réparateur. Il était ponctué de rêves où, souvent, je voyais Luc disparaître sans que je puisse l'atteindre, malgré sa proximité physique. Ces rêves me troublaient beaucoup et j'essayais de décoder ce que je percevais comme étant des messages transmis par Luc.

Pendant tout ce temps, je faisais des crises de larmes irrépressibles ; par exemple, lorsque je regardais des photos de lui, que j'apercevais ses vêtements dans la penderie, que je sentais l'odeur de son eau de toilette dans la salle de bains ou encore lorsque quelqu'un prononçait son nom.

Quelquefois, les larmes venaient comme ça, à propos de rien, à un moment tout à fait inattendu. J'étais très embarrassée lorsque je n'arrivais pas à me retenir en présence de mes proches ou lorsque je me trouvais dans un endroit public.

J'ai souvenance, entre autres, d'une expérience vécue à la caisse de la pharmacie. Au moment même où la caissière m'indiquait le montant de ma facture, j'ai éclaté en sanglots. Les personnes présentes, décontenancées et très mal à l'aise face à cette situation, ne savaient que dire devant mes excuses répétées : « Je ne sais pas ce qui m'arrive... » J'ai tellement eu honte à ce moment-là que je me suis juré d'apprendre à me maîtriser. Par la suite, des douleurs à la poitrine et des difficultés respiratoires sont apparues, et mon angoisse a augmenté.

Dans quel chaos se trouvait ma vie ? Que se passait-il donc ? Je ne me reconnaissais plus ni dans mon quotidien ni dans mes comportements. Moi qui avais toujours été d'un naturel calme et doux, voilà que je me mettais régulièrement en colère contre tout et n'importe qui.

Par exemple, j'ai fortement engueulé la préposée aux réclamations d'une compagnie d'assurances pour un retard insignifiant. J'ai pesté contre les policiers qui avaient rédigé le rapport de l'accident de Luc et je les ai traités, sans aucune raison, d'incompétents. Je réagissais vivement à la moindre remarque, et un irritant mineur me donnait l'occasion rêvée de critiquer, de blâmer. J'avais l'impression de vivre entourée de ronces. Il devait sûrement y avoir un ou des coupables pour tous ces malheurs qui s'abattaient sur moi. Ma souffrance cherchait vainement un bouc émissaire, quelqu'un à blâmer.

Mon état n'était pas sans m'inquiéter ni sans inquiéter mes proches. Je n'avais plus aucune emprise sur mes émotions, toute ma vie était désorganisée. Il m'arrivait d'avoir des colères telles que je me mettais à blasphémer et à donner de grands coups de poing sur la table. Parfois, quand je voyais des couples déambuler main dans la main, je leur en voulais, j'étais jalouse. J'éprouvais ensuite beaucoup de honte, et je me culpabilisais.

Des tas de questions me trottaient dans la tête et me rendaient confuse : Pourquoi partir si jeune, à 54 ans ? Pourquoi Luc ? Il y a tant de vieillards, de malades qui demandent à mourir. Pourquoi s'en prendre à nous, qui nous aimions et étions heureux ? Tant de femmes seraient libérées si leur mari violent ou alcoolique trépassait. Et Luc, si tendre, si présent... Qu'allais-je devenir sans lui ? Il était ma raison de vivre.

Pourquoi être serviable pour les autres si c'est cela notre récompense ? Où est la justice de Dieu dans tout ça ?

Je sentais la révolte gronder à l'intérieur de moi... Au moins, si c'était moi qui étais partie ! Luc était si habile... Il était aimé de tout le monde... Il aurait peut-être mieux valu que je le rejoigne et que je débarrasse les enfants...

À certains moments, ma colère était dirigée contre Luc. Pourquoi m'avait-il laissée ? Nous allions fêter notre 30ᵉ anniversaire de mariage quatre mois plus tard, jour pour jour. Puis, je regrettais ces moments d'humeur. J'avais honte et je me sentais très coupable. Luc était si bon ! Je ne lui avais pas dit assez souvent que je l'aimais.

J'avais l'impression de retenir Luc par un fil si ténu qu'il pouvait se rompre à tout moment. J'avais très peur, car je craignais que mon déchirement intérieur n'augmente encore.

CE QUE L'HISTOIRE DE PAULINE PEUT NOUS APPRENDRE

Les réactions de Pauline lui sont propres ; elles correspondent à sa personnalité et à son histoire personnelle. Son récit illustre bien les deux premières étapes du deuil, soit la phase du déni et de la désorganisation. Même si tous les endeuillés n'ont pas nécessairement les mêmes réactions que Pauline et qu'ils ne les vivent pas de la même façon, ses réactions sont caractéristiques de ces deux étapes. Comme chaque personne est différente, chaque deuil l'est aussi, et il est possible qu'on réagisse différemment. Cependant, l'attitude de Pauline est, elle, très significative, et rejoint celle de la plupart des endeuillés que j'ai accompagnés au cours de l'exercice de ma profession.

Le déni, mécanisme de protection pour rester fonctionnel

Le déni consiste à bloquer inconsciemment ses émotions ou à ne pas les ressentir. Cette attitude confond souvent l'entourage – et même l'endeuillé – qui y voit une marque de courage et de force de caractère. Le déni peut prendre diverses formes, comme la rationalisation dont nous avons déjà parlé. Le fait d'éviter systématiquement – au point d'aller jusqu'à faire de longs détours – les endroits qui pourraient rappeler le défunt : hôpital, résidence, intersection ou bout de route où a eu lieu l'accident, par exemple, constitue une autre forme de déni, tout comme le fait de fuir les salons funéraires.

Le déni est en réalité une stratégie, saine et efficace à court terme, qui permet de rester fonctionnel. C'est ainsi que Pauline a pu garder son équilibre, le temps de régler les affaires d'ordre légal. Utilisée à long terme, par contre, cette stratégie empêche le processus de suivre son cours, ce qui peut entraîner des répercussions sur la santé tant physique que psychologique.

Vivre la désorganisation, un passage déstabilisant

L'étape de la désorganisation s'amorce lorsque se rompt l'équilibre qui avait été maintenu jusque-là par le déni. C'est alors l'effondrement, ce que Pauline appelle les « fissures » et la « digue qui va céder ». Il arrive que l'endeuillé fasse un retour occasionnel au déni, pour adoucir sa souffrance et pour retrouver un peu de sa stabilité. Même si elle peut être très angoissante, car elle nous plonge dans le chaos, la désorganisation fait partie du processus normal de deuil. Le deuil affecte trois aspects majeurs de notre vie, particulièrement aux phases de désorganisation et de réorganisation : notre corps, nos croyances spirituelles, religieuses, philosophiques et, surtout, nos émotions.

Pour mieux traverser cette phase pénible

Si la désorganisation est une étape normale du processus de deuil, il faut néanmoins continuer à vivre, à fonctionner, à remplir les différentes tâches qui doivent être assumées normalement dans la famille, au travail ou dans la société.

Il existe des moyens efficaces d'atténuer les effets douloureux de cette étape, sans pour autant bloquer le processus de deuil. Voici quelques suggestions de moyens simples et sains qui pourraient vous aider en ce sens :

- Conservez ou établissez une structure qui vous permettra de mettre de l'ordre dans votre vie. Reprenez votre routine quotidienne et effectuez votre travail normal, en vous disant que ce n'est pas grave si vous accomplissez vos tâches comme un automate.

- Restez actif, même si cela vous demande des efforts ou que n'avez aucune envie de l'être. Poursuivez certaines de vos activités et soyez attentif à reconnaître celles qui vous ressourcent et qui vous apaisent.

- Observez une discipline souple, mais en respectant les horaires que vous vous êtes fixés pour le lever, le coucher, les repas et l'exercice physique.

- Réservez-vous de plus longues périodes de repos. Ne vous sentez pas coupable de dormir beaucoup plus qu'à l'accoutumée, car vous avez besoin de ce sommeil réparateur. Cependant, résistez à la tentation de rester trop souvent à ne rien faire ou de vous affaisser devant le téléviseur.

- Soyez attentif à votre alimentation ; veillez à ce qu'elle soit équilibrée ; ayez recours à des suppléments alimentaires ou vitaminiques, au besoin.

Prenez soin de vous

- Acceptez d'être désorganisé pendant un certain temps, d'être moins fonctionnel et moins performant.

- Traitez-vous avec tendresse et douceur, exactement comme vous le feriez pour un enfant blessé. Vous découvrirez que ces gestes d'attention et d'amour que vous faites pour vous ont le pouvoir d'apaiser votre souffrance.

- N'hésitez pas à vous dorloter, à vous offrir des douceurs qui mettront un baume sur vos blessures.

- Soyez également attentif à votre corps et prenez-en soin. Il ne s'agit pas de fuir vos émotions, de vous empêcher de les ressentir, mais de vous aider à vous « réparer ».

  Le froid de l'absence de Luc me glaçait des pieds à la tête lorsque je me retrouvais seule dans mon lit. J'ai donc fait l'achat d'une couverture électrique pour me réchauffer et je me blotissais contre un long oreiller de corps.

- Offrez-vous, à l'occasion, des fleurs, un repas spécial, un parfum selon vos goûts et vos préférences. Faites attention à vos vêtements : choisissez des textures confortables, des couleurs chaudes et chatoyantes.

- Si vous aimez les animaux, achetez-vous un chat, un chien, un oiseau.

- Vous pouvez aussi vous procurer un ourson en peluche, comme celui qui vous consolait lorsque vous étiez enfant, ou encore un livre, un disque, un article de sport ou une babiole que vous convoitez depuis longtemps, et ce, même si vous ne comptez pas l'utiliser dans l'immédiat.

Le choc et l'état de stress provoqués par le décès de la personne significative peuvent prédisposer à toutes sortes de malaises et de maladies. D'ailleurs, diverses études effectuées aux États-Unis par des équipes médicales confirment qu'après une telle épreuve, et surtout durant les trois mois qui suivent le décès, le système immunitaire est affaibli. Tout récemment, aux États-Unis encore, à la suite d'une étude publiée dans le *New England Journal of Medecine*, les chercheurs de l'Université John Hopkins expliquent comment un événement tragique ou stressant peut « choquer » le cœur et provoquer des symptômes similaires à une crise cardiaque : douleur thoracique, difficulté à respirer, œdème pulmonaire. À la différence de l'infarctus du myocarde, cet état est réversible et on le nomme « syndrome du cœur brisé ». L'étude précise que bon nombre de personnes en deuil présentent ces symptômes. Si vous consultez votre médecin, informez-le du stress émotif que vous vivez à la suite du décès d'un proche.

La religion, la vie spirituelle ou la philosophie de la personne en deuil peut constituer un point d'ancrage solide durant cette période mouvementée ; mais, le décès d'une personne significative peut avoir l'effet inverse et entraîner une douloureuse remise en question de ses croyances ou même une révolte contre l'injustice d'un Dieu qui a permis qu'un tel malheur survienne.

Avec la rupture de l'équilibre émotif, surgit, de façon soudaine et violente, une véritable vague d'émotions qui peut vous submerger. Des sentiments contradictoires émergent alors en un flot impossible à contenir. Beaucoup, à ce stade, s'inquiètent de leur état, tout comme Pauline, et se posent l'angoissante question : « Suis-je en train de perdre la raison ? » Mais ce déséquilibre émotif n'est que temporaire, et il est normal. Comment pourrait-il en être autrement lorsqu'on est plongé dans un tel chaos ?

Pour m'aider à faire la traversée consciente de mon deuil...

Je prends soin de moi

Les paroles de bienveillance peuvent être brèves,
mais elles résonnent à l'infini.
Mère Teresa

Je prends soin de moi tel que je le ferais avec un enfant blessé. Je m'offre des douceurs, des objets qui vont me faire plaisir. J'ai pour moi des gestes de bienveillance qui contribuent à apaiser ma souffrance.

LES BOULEVERSEMENTS RESSENTIS DANS LE CORPS ET DANS L'ÂME

Le corps en deuil

Le choc subi lors du décès d'un proche plonge le corps tout autant que l'âme dans le deuil. Ce deuil du corps se manifeste le plus souvent par une baisse d'énergie marquée, mais certaines personnes peuvent avoir des réactions totalement inverses. Plutôt que de se sentir abattues, elles seront agitées ou remplies d'une énergie débordante. Le cas de Violaine, 42 ans, dont le mari est mort d'un cancer foudroyant, en est un bon exemple.

> *Moi, ça allait bien ! Si vous saviez tout ce que j'ai pu faire durant trois mois ! J'ai repeint toute la maison au complet, j'ai déplacé des cloisons, j'ai fait des rénovations. Mais lorsque je me suis arrêtée, ce fut l'effondrement total...*

La réaction du corps à un deuil peut prendre diverses formes, la plus courante étant sans doute une augmentation de l'intensité ou de la fréquence des symptômes présents avant le deuil. Si vous vivez un deuil profond, votre organisme peut s'en trouver complètement bouleversé, ce qui peut vous causer des inquiétudes.

Peu importe comment votre corps réagit, comprenez avant tout que **le deuil n'est *pas* une maladie, et qu'il faut veiller à ne pas le médicaliser.**

Certaines réactions physiques au deuil peuvent toutefois être assez surprenantes. Par exemple, des symptômes relatifs à des accidents antérieurs ou à des maladies depuis longtemps guéries peuvent réapparaître ; car c'est souvent lors des périodes de grand stress émotif que se manifestent ce qu'il est convenu d'appeler les « mémoires du corps ».

Il peut même arriver que la personne en deuil éprouve des symptômes semblables à ceux dont souffrait la personne décédée.

> *Je me mettais à étouffer la nuit, exactement comme ma mère le faisait les derniers jours qui ont précédé sa mort. J'en ai beaucoup parlé et j'ai exprimé ma peur de mourir comme maman, et mes symptômes se sont estompés graduellement.*

Marie, 56 ans

Les symptômes que l'on observe le plus fréquemment chez les endeuillés sont : les troubles du sommeil et de la digestion ; les problèmes intestinaux, comme la diarrhée, la constipation ou les maux de ventre ; l'engourdissement des membres ; le dérèglement de la tension artérielle ; la perte ou le gain de poids. La poitrine, les poumons et la gorge sont des régions du corps particulièrement vulnérables en situation de deuil.

La respiration consciente

Si vous avez l'impression d'étouffer ou de manquer d'air, des exercices respiratoires très simples peuvent vous soulager. Vous serez étonné de constater que le seul fait de centrer votre attention au niveau de votre poitrine, de vous écouter respirer, de gérer vos inspirations et vos expirations peut atténuer vos symptômes. En plus de vous aider à retrouver votre aplomb, la respiration consciente vous met en contact avec ce qui vit en vous, avec la vie.

Certains problèmes fonctionnels peuvent également apparaître, comme la difficulté à se concentrer et les troubles de mémoire.

Je prenais tout en note, je plaçais des autocollants bien en vue pour me rappeler ce que j'avais à faire ou l'heure de mes rendez-vous. Cela m'enlevait beaucoup de tension.

Édouard (dont nous verrons
l'histoire dans la quatrième partie)

Ces situations sont temporaires dans la plupart des cas, car **le deuil n'est pas une maladie, mais une expérience qui s'apparente à la convalescence**.

Comme dans toute convalescence, vous devez prendre bien soin de vous et éviter les stress inutiles. Ce n'est pas le moment d'arrêter de fumer, par exemple, ni d'entreprendre un régime draconien. De même, et sauf si vous faites face à des échéances très strictes, il est préférable de reporter à plus tard les décisions importantes, car ce genre d'épreuve peut affecter votre jugement. Si l'urgence d'une situation vous oblige à prendre de graves décisions, n'hésitez pas à demander l'aide et les conseils d'une personne de confiance, de préférence une personne non concernée émotivement par la situation. Si votre état de santé est fragile et que vous souhaitez être rassuré, consultez votre médecin et informez-le de votre deuil.

Pour m'aider à faire la traversée consciente de mon deuil...

La présence à mon corps

La peau n'est pas plus séparée du cerveau que la surface d'un lac n'est séparée de ses profondeurs. Toucher la surface, c'est éveiller la profondeur.

Dean Juhan

Lors d'un deuil, il peut arriver que des symptômes déjà présents s'amplifient ou que certains autres que vous croyiez disparus réapparaissent. Dans sa sagesse, le corps vous rappelle ainsi que vous devez prendre soin de lui.

1. Vulnérabilité

Les principaux accidents, interventions chirurgicales et maladies qui ont particulièrement marqué mon histoire médicale sont : _____

_____

2. Alimentation

Ce qui est *bon* pour mon corps : _____

Ce qui est *moins bon* pour mon corps : _____

Ce qui est *néfaste* pour mon corps : _____

3. Activité physique

Ce qui est *bon* pour mon corps : _____

_____

Ce qui est *moins bon* pour mon corps : _____

Ce qui est *néfaste* pour mon corps : _____

4. Consommation (alcool, drogues, médicaments)

Ce qui est *bon* pour mon corps : _____

_____

Ce qui est *moins bon* pour mon corps : _____

Ce qui est *néfaste* pour mon corps : _____

L'âme en deuil

Quelles que soient vos croyances ou votre philosophie, il est très possible que le deuil vous interpelle sur le plan spirituel parce qu'il évoque invariablement le sens de la vie et de la mort. Il peut réveiller le sentiment de votre propre mortalité, éprouver durement vos croyances et remettre en question l'ensemble de la dimension spirituelle de votre vie. Il peut, au contraire, être pour vous l'occasion de confirmer la valeur de ces croyances.

Un choc de vie (séparation, divorce, perte d'emploi, etc.), l'annonce d'une maladie grave, un revers de fortune ou la mort d'un être significatif provoque fréquemment de la confusion ou vient ébranler nos croyances.

> *Ma relation avec Dieu est devenue plus confuse. Je n'arrivais pas à comprendre qu'Il puisse m'avoir enlevé Luc. De quoi Dieu voulait-Il me punir ? Où était Sa justice ? S'Il est si bon, comme la religion le prétend, comment peut-Il permettre autant de souffrance dans le monde ?*

En période de deuil, ce questionnement est normal. Inversement, dans la même situation, certaines personnes effectueront un retour inattendu à la religion qu'elles pratiquaient dans leur enfance. Si, pour l'instant, vos préoccupations se rapprochent de celles de Pauline, ne vous y accrochez pas trop ; cela pourrait retarder votre travail de réorganisation, de restructuration psychologique. Acceptez qu'il en soit ainsi. Lorsque vous aurez retrouvé votre équilibre émotif, ces interrogations reviendront peut-être, mais vous serez davantage en mesure d'agir avec discernement par rapport aux réponses que proposent les différents enseignements spirituels ou religieux et approches philosophiques.

Il convient d'ailleurs de faire ici une mise en garde : certaines questions n'auront jamais de réponse. Mais certaines sectes voient là une occasion d'approcher les gens dont les croyances sont ébranlées, leur proposant une stratégie de « réponse à tout » qui leur sert à recruter des adeptes. Il n'est donc pas étonnant que, se retrouvant dans un état de grande fragilité, de vulnérabilité et de souffrance, des personnes soient tentées d'adhérer à un quelconque mouvement religieux ou spirituel.

À ce sujet, il importe de clarifier les termes de « spiritualité » et de « religion ».

La spiritualité est un concept aussi riche que difficile à définir, qui va bien au-delà des aspects matériels, affectifs ou psychologiques et qui ne peut être compris intellectuellement. La spiritualité est l'expérience de relation intime avec « plus grand que soi », avec une Force de Vie invisible, avec Dieu. La spiritualité est à l'intérieur de soi.

La religion découle de l'expérience spirituelle. C'est une organisation, une structure sociale basée sur un système philosophique, théologique et hiérarchique. Ce système comporte des croyances, des pratiques et des rituels qui font revivre l'expérience spirituelle dont cette religion découle. Les adeptes d'une religion suivent l'enseignement du Maître, c'est-à-dire celui ou celle qui a vécu l'expérience spirituelle. Le but ainsi poursuivi est la réalisation et le salut de l'être humain. C'est lorsque l'expérience se perd que la religion devient intolérante.

SPIRITUALITÉ ET RELIGION

Spiritualité

- Concept très riche et aussi très difficile à définir
- Dépasse les aspects matériels, affectifs et psychologiques
- Ne peut être comprise intellectuellement

C'est l'expérience d'une relation intime avec plus grand que soi, avec une Force invisible, avec Dieu.

La spiritualité est à l'intérieur de soi.

Religion

- Découle de l'expérience spirituelle
- Structure sociale
- Système philosophique, théologique, hiérarchique
- Système : Croyances   Pour faire
  Pratiques   revivre
  Rituels   l'expérience spirituelle
- Suivent les enseignements du Maître, c'est-à-dire de celui ou celle qui a vécu l'expérience spirituelle

Le but des pratiquants est la réalisation de l'être humain, c'est-à-dire le salut de chacun.

La religion est à l'extérieur de nous.

Pour certaines personnes, la relation intime avec leur Dieu est vécue par la pratique de leur religion. D'autres ont recours à différentes pratiques, notamment la méditation, la communion avec la nature, la musique, les arts, etc. Pour d'autres enfin, religions et pratiques spirituelles s'allient pour faciliter l'élévation de l'âme.

Invoquer les Forces de Vie

Votre foi, vos croyances ou votre philosophie ne vous enlèveront pas votre chagrin, mais elles peuvent vous aider à le vivre. La prière, la méditation ou l'invocation des Forces de Vie, si elles vous relient au sacré et aux autres personnes qui ont de la peine et qui souffrent, peuvent vous redonner espoir et constituer une aide précieuse pour traverser la souffrance et le deuil. La pratique religieuse ou spirituelle correspondant à vos croyances profondes peut donc être une grande source de paix et de réconfort durant cette difficile épreuve.

Invoquer les Forces de Vie ne consiste pas à demander un miracle, mais à nous mettre en contact avec notre dimension spirituelle. N'espérez pas que votre chagrin disparaisse miraculeusement : il réapparaîtrait tôt ou tard. Demandez plutôt à être guidé dans votre traversée et soutenu dans votre chagrin.

Lorsque j'ai quitté la résidence où je me trouvais depuis plus de trente ans avec ma communauté, raconte sœur Pascale, j'ai vécu un deuil. C'est alors que le souvenir de mon père et de mon frère décédés a refait surface. J'ai pris conscience qu'au moment où mes deuils étaient devenus particulièrement douloureux, j'avais confié le tout à Dieu par la prière. Je n'avais donc pas vécu l'étape de la désorganisation. Aujourd'hui, je comprends que Dieu ne peut, dans Sa bonté, m'empêcher de vivre l'expérience de la souffrance humaine que représente le

deuil. Cependant, je sens Sa présence qui m'accompagne,
ce qui est pour moi une grande consolation et une source
d'espérance.

D'un point de vue personnel et professionnel, invoquer les Forces de Vie est pour moi un rituel très significatif qui me permet de me relier à « plus grand que moi » et me sert de guide pour accomplir mon travail d'accompagnement auprès des endeuillés. D'ailleurs, quelles que soient les croyances des personnes qui composent les groupes que j'accompagne, notre travail débute toujours par une prière. Ceci afin de nous recueillir, d'entrer en contact avec ce qu'il y a de plus grand en nous, de nous relier les uns aux autres, au Sacré, aux Forces de la Vie, à Dieu.

Peu importe le sens que l'on donne au mot « Dieu », qu'il s'agisse de Jésus, d'un ange gardien, d'un guide, de Bouddha, d'Allah ou de notre Sagesse intérieure, ce rituel souligne et rappelle le caractère sacré de chaque être humain qui se trouve sur notre route.

Accompagner spirituellement l'âme du défunt

Accompagner l'âme du défunt sert à réconforter dans la peine et à donner un sens à la perte subie. Avoir le sentiment d'aider l'autre à poursuivre son chemin plutôt que de le retenir sur la terre aide beaucoup à traverser votre deuil.

Cette pratique correspond aux enseignements religieux et spirituels traditionnels. Peut-être que les lecteurs plus âgés de l'Occident chrétien se souviendront du « trentin », c'est-à-dire la célébration d'une messe quotidienne durant les trente jours suivant le décès. En Orient, le bouddhisme, et en particulier le système tibétain des Bardos, propose un rite similaire, qui se prolonge durant quarante jours.

Je ne crois pas qu'il faille revenir à de telles pratiques ; mais si, en accord avec vos croyances, vous accompagnez l'âme de la personne qui vous a quitté, vous y trouverez apaisement et réconfort. Voici quelques témoignages recueillis auprès de personnes en deuil, et qui illustrent différentes formes que peut prendre cette pratique.

— Durant les quelques semaines qui ont suivi son décès, sa photo était bien en vue dans la cuisine. À tout instant, je demandais à Dieu de l'accueillir, de le rendre heureux.

— Chaque fois que je pense à Élaine, je lui envoie de la lumière blanche.

— Je dis souvent à Jacques, dans mon cœur : Va où tu dois aller.

— J'allume une chandelle et je me recueille en souhaitant du plus profond de mon cœur qu'André soit heureux là où il est.

— Quand je marche pour tromper ma solitude, je m'arrête souvent à l'église et je prie la Sainte Vierge de prendre soin de mon mari.

— Je suis athée et je crois qu'il n'y a plus rien après la mort. Parfois, je me surprends à souhaiter dans mon cœur que ma femme soit heureuse.

— Je crois aux anges gardiens et je prie le mien pour qu'il communique avec l'ange de mon mari, afin qu'il soit bien protégé là où il est.

— J'ai peint une magnifique toile avec l'intention qu'elle serve de guide à celui qui a été l'amour de ma vie.

— Ma camarade de travail était bouddhiste. Quand je pense à elle, je demande à tous les bouddhas de la protéger.

Ces pratiques réfèrent à des croyances personnelles qui ne se discutent pas, mais qui, au contraire, commandent le respect.

Pour m'aider à faire la traversée consciente de mon deuil...

Pour me réconforter...

Puis-je avoir la force de vivre la réalité telle qu'elle est ?
Prière bouddhiste

La pratique religieuse et spirituelle qui correspond à vos croyances profondes a le pouvoir d'apaiser votre souffrance et de vous redonner espoir durant cette difficile traversée de votre deuil.

Quelles sont mes croyances spirituelles et religieuses ?

_____

_____

_____

_____

Les pratiques religieuses ou spirituelles qui me relient à « mon Dieu » sont :

_____

_____

_____

_____

Les lieux ou les circonstances où je ressens une paix intérieure sont :

_____

_____

_____

_____

LES ÉMOTIONS ET LE DEUIL

Le deuil c'est, ni plus ni moins, une jungle d'émotions.
Elizabeth Kübler-Ross

Le mot « émotion » vient du latin *motio* qui signifie « mouvement ». Une émotion est donc un mouvement vers l'extérieur ou une tendance à agir. Il s'agit d'un phénomène psychologique fort complexe, qui fait l'objet des théories les plus diverses.

Réduite à sa plus simple expression, l'émotion est un *phénomène naturel* : c'est une sensation liée à une pensée. Ces sensations peuvent être soit agréables, soit désagréables.

L'émotion est spontanée ; elle surgit inopinément et elle est toujours porteuse d'énergie. Nous ne pouvons choisir de vivre une émotion plutôt qu'une autre, mais nous pouvons cependant influencer les pensées qui les font naître. Nous devons maîtriser ces dernières, c'est-à-dire les domestiquer sans tenter de les éliminer ou de les bloquer complètement car les émotions sont un bienfait. Sans elles, nos vies seraient bien ternes.

Les émotions qui provoquent des sensations agréables, telles que la joie, la douceur ou l'amour, sont faciles à identifier et à libérer. Elles sont axées sur le plaisir ou sur le bonheur, la sensation de joie lorsque le bébé sourit pour la première fois, ou de plaisir lorsqu'on regarde un coucher de soleil, et elles sont généralement bien accueillies. La libération des émotions procure un regain d'énergie. Rappelez-vous les sensations qui vous envahissent lorsque vous tombez amoureux : vous avez alors l'impression de pouvoir soulever des montagnes.

D'autres émotions, par contre, provoquent des sensations désagréables ou même de la souffrance. Certaines
d'entre elles, comme la colère, le ressentiment et l'envie,
suscitent la réprobation de la société ou évoquent la notion
de péché dans les contextes religieux. Considérées comme
honteuses ou malsaines, elles sont souvent jugées, par soi
ou par les autres, comme mauvaises ou négatives. Même si
ces émotions sont également porteuses d'énergie, on a tendance à les fuir et à s'empêcher de les libérer, de les exprimer. Elles sont alors niées, refoulées et peu ou pas
accueillies, tant par la personne qui les vit que par son
entourage.

LES ÉMOTIONS

L'émotion est un phénomène psychologique aussi complexe que naturel. Réduite à sa plus simple expression,
l'émotion serait une sensation liée à une pensée. Ainsi que
nous l'avons dit, il existe deux types d'émotions :

Émotions « agréables »	Émotions « désagréables »
Joie, contentement, amour	Peine, colère, ressentiment
Sensation agréable ou de plaisir	Sensation désagréable ou de souffrance
Porteuses d'énergie	Porteuses d'énergie
Faciles à identifier et à libérer	Difficiles à identifier et à libérer *adéquatement*, niées ou refoulées
Valorisées parce que axées sur le plaisir	Niées parce qu'elles ne correspondent pas aux valeurs véhiculées
Généralement bien accueillies par soi et par les autres	Jugées, peu ou pas accueillies par soi et par les autres

Exprimer son chagrin et sa souffrance

Le décès d'une personne significative soulève toute une gamme d'émotions et le récit du deuil de Pauline l'illustre très bien. La majorité de ces émotions se retrouvent dans la colonne de droite et sont donc synonymes de souffrance. Elles arrivent par vagues parfois violentes, impossibles à maîtriser, ou encore elles sont sourdes et diffuses.

Dans beaucoup de sociétés, et pour diverses raisons, l'expression des émotions est réprouvée, en particulier lorsque ces émotions contredisent les valeurs – succès, plaisir, bonheur – véhiculées dans ce milieu. Cela a souvent pour effet d'évacuer les préoccupations que l'on peut entretenir à l'égard de certains aspects de la vie qui ne correspondent pas à ces valeurs.

C'est ainsi que beaucoup de pays occidentaux enregistrent une baisse importante d'intérêt envers les questions religieuses ou spirituelles. La mort autrefois si présente dans nos maisons est devenue taboue – une chose qu'il faut cacher, taire et expédier rapidement. Il en est de même pour le chagrin, la vulnérabilité et la souffrance, toutes des conditions associées au deuil.

En refusant en quelque sorte d'admettre que ces réalités font partie de la condition humaine, beaucoup de personnes agissent comme si le deuil n'existait pas ou encore comme si le temps avait un pouvoir magique. Qui de nous n'a pas entendu l'expression : « Le temps va arranger les choses » ?

Nous avons vite appris à nier, à cacher, à réprimer, à refouler les émotions désagréables ; mais, s'il est vrai que le temps agit, on ne peut espérer qu'il réussira à lui seul à régler un deuil. Le deuil – et les émotions désagréables qu'il génère – doit être assumé et pris en charge par l'endeuillé.

Il semble que nous en soyons arrivés collectivement à croire que si l'on exprime son chagrin, il augmentera. Pourtant, c'est tout le contraire qui se produit : un chagrin refoulé ne disparaît jamais. En voulant éviter la souffrance reliée au deuil, en la cachant le plus possible, à soi autant qu'aux autres, on la maintient en soi, ce qui peut avoir de graves conséquences.

Erich Fromm, célèbre psychologue et auteur américain, va d'ailleurs jusqu'à affirmer que notre inaptitude à pleurer nos pertes est à l'origine de la recrudescence de la violence dans la société. La souffrance et le chagrin refoulés peuvent s'exprimer par une certaine violence dirigée contre les personnes elles-mêmes. Ces émotions se manifestent par des maladies, une piètre estime de soi, de la culpabilité, des habitudes compulsives et même destructrices telles que la dépendance aux médicaments, aux drogues ou à l'alcool, la boulimie, la passion du jeu (*gambling*), etc.

Le deuil, qui est un état douloureux constitué d'émotions à libérer, doit être assumé comme tel si on veut le traverser sainement. Et, parmi les émotions les plus complexes et les plus encombrantes que puisse susciter le deuil, on retrouve au premier chef la colère et, souvent, la culpabilité.

La colère, la culpabilité

La colère est une réaction instinctive que l'on ressent face à la perte, à la blessure affective, consécutive au décès d'un proche. Elle peut aussi provenir de blessures subies dans le passé, qui n'ont pas été guéries ou qui ont été occultées. Le traumatisme à l'origine de la colère peut se situer à l'époque de la relation avec le défunt, mais il peut aussi se rapporter à des événements survenus durant l'enfance ou l'adolescence. La colère cache souvent d'autres émotions, comme une grande tristesse, de la peur, un sentiment d'injustice, d'impuissance ou de frustration.

Il peut arriver que l'on se retrouve coincé entre, d'une part, le besoin urgent d'exprimer sa colère et, d'autre part, ses principes, son éducation, l'attitude de fermeture de son entourage ou des expériences passées.

> *Mon enfance a été marquée par les comportements violents et irresponsables d'un père alcoolique et j'avais tellement peur de la colère qui montait en moi, raconte Pauline. Je me sentais « méchante » d'éprouver un tel sentiment. J'avais même peur que, du ciel, Luc me voie. J'avais honte. Je faisais tout pour retenir ces sentiments... jusqu'à en étouffer.*

Une colère contenue, non libérée et réorientée vers soi, peut se transformer en culpabilité. Tout comme la colère, la culpabilité peut provenir d'aussi loin que l'enfance, par exemple à la suite de reproches qui ont été faits, d'accusations dont on a été victime, de situations où l'on a eu honte. Elle peut aussi résulter d'une mauvaise évaluation de ses limites et de ses responsabilités. L'un des principaux effets de la culpabilité est de s'empêcher, en quelque sorte, de ressentir sa colère et de se centrer sur soi.

Dans le deuil, comme le montre l'histoire de Pauline, le sentiment de culpabilité peut prendre plusieurs formes. Il se peut que l'on se sente coupable d'être encore vivant – *Au moins si c'était moi qui étais partie* – ou de s'être mis en colère contre Dieu – *À quoi ça sert d'être serviable pour les autres si c'est cela notre récompense ? Où est la justice de Dieu ?* L'exemple de Rose, dont je parlerai plus loin, illustre bien ce phénomène. *Le bon Dieu doit me trouver bien méchante d'avoir blasphémé*, se dit-elle.

La culpabilité peut parfois devenir excessive et s'exprimer par une série d'autoaccusations. Des phrases au conditionnel – *si c'était à refaire ou j'aurais donc dû* – sont un bon indice qu'un sentiment de culpabilité est présent, comme on le voit dans les exemples qui suivent :

— *C'est de ma faute ! Si j'avais appelé l'ambulance même s'il ne voulait pas que je le fasse...*

— *J'ai manqué de patience avec elle. C'est terrible quand j'y repense. Elle était tellement malade... Ses exigences n'étaient pas des caprices de sa part. Si c'était à refaire...*

— *J'aurais donc dû accepter qu'il meure à la maison.*

— *J'aurais donc dû lui dire plus souvent à quel point je l'aimais.*

— *Si je ne lui avais pas prêté ma voiture, peut-être Dany serait-il encore vivant.*

— *Je regrette d'avoir eu si peu de patience...*

L'idéalisation

Idéaliser la personne décédée ou sa relation avec elle peut en réalité représenter une stratégie de fuite, un moyen pour éviter de ressentir la souffrance engendrée par la colère et le sentiment de culpabilité.

> *Luc était si habile ! Tout le monde l'aimait. Nous nous aimions tant ! Notre couple était si heureux,*
>
> répète constamment Pauline.

J'ai réfuté pendant longtemps toutes les allégations de mes proches, car elles ne correspondaient pas à l'image idéale que je me faisais de mon père et que je tenais à maintenir. Lorsque sa véritable nature a été mise à jour, j'ai eu à composer avec des émotions désagréables, notamment la culpabilité. Combien de fois j'avais utilisé la manipulation pour obtenir ce qui était refusé à mes frères et sœurs ! J'ai développé par la suite une image plus saine de mon père et je l'ai accepté simplement comme un être humain.

Suzanne, 50 ans,
20 ans après la mort de son père

Peut-être craignez-vous qu'en exprimant votre colère, cela ne déclenche chez vous des comportements violents ou qu'en exprimant votre sentiment de culpabilité, vous ne fassiez que l'accentuer.

Pourtant, c'est précisément le contraire qui se produit, car les émotions que l'on refoule ne s'évanouissent pas avec le temps. Leur énergie reste emprisonnée dans le corps et la psyché, qu'elles risquent d'empoisonner. Les émotions et les énergies refoulées sont souvent somatisées : c'est-à-dire que, empêchées de s'exprimer autrement, elles s'extériorisent sous diverses formes : troubles physiques, maux de tête, d'estomac ou de ventre, douleurs musculaires, raideurs à la nuque, hypertension, état dépressif. Même s'ils sont d'origine psychologique, ces problèmes sont très réels – il ne s'agit pas de maladies imaginaires.

Je ne suis pas de celles qui prétendent que toutes les maladies ont pour seule et unique cause des émotions refoulées. Mais mes expériences personnelles et professionnelles m'ont appris que ces émotions finissent par s'exprimer, d'une manière ou d'une autre. Et lorsqu'elles choisissent le corps pour le faire, elles peuvent favoriser l'apparition de certaines formes de maladies, dont le cancer, conjointement avec plusieurs autres facteurs physiologiques tels que l'hérédité, l'environnement ou l'alimentation.

À la longue, le fait de réprimer, de nier ou de refouler ses émotions peut affecter le corps, ainsi que nous l'avons déjà vu, mais cela peut aussi modifier la personnalité, et ce, de différentes façons : la personne devient sarcastique ou agressive ou, au contraire, elle se retire complètement. Il peut aussi y avoir de la violence envers soi-même, envers les autres ou envers les animaux, sans oublier les comportements compulsifs tels que le jeu, l'alcoolisme, la toxicomanie ou la boulimie. Les achats compulsifs, la manie de la propreté, la consommation abusive de médicaments ou une sexualité débridée font aussi partie de ces comportements indésirables.

Pour les avoir personnellement vécus, je sais très bien à quel point ces états émotifs font souffrir et ils demandent l'apaisement à tout prix. Leur expression sous forme de symptômes psychosomatiques ou d'états émotionnels perturbés ne correspond pas à des manifestations dysfonctionnelles mais aux efforts que fait l'organisme pour tenter de s'autoguérir. Cette issue est d'autant plus malheureuse qu'elle est évitable, dans la mesure où l'on sait reconnaître les stratégies de fuite et où on peut libérer ses émotions de manière responsable.

Le deuil, la colère, la culpabilité

La colère émerge fréquemment durant le processus de deuil. Si elle est refusée ou refoulée, elle peut se retourner contre soi et devenir culpabilité.

La culpabilité, si on l'enferme à l'intérieur de soi et qu'on la nourrit d'autoaccusations, est l'émotion la plus destructrice qui soit.

L'idéalisation du défunt est aussi une stratégie qui nous évite d'être en contact avec la colère et la culpabilité.

Mécanisme de fuite pour ne pas ressentir la souffrance

Perdre un être significatif entraîne invariablement de la souffrance, et fuir cette souffrance est une réaction courante. Tout comme l'a fait Pauline, vous pourriez être tenté de fuir vous aussi, car personne n'aime souffrir. Divers moyens peuvent être utilisés à cet effet.

Par exemple, plusieurs endeuillés s'engagent dans toutes sortes d'activités qui ne leur laissent que peu de temps face à eux-mêmes, face à leurs émotions.

> *Après la mort de Claire, j'ai trouvé la maison tellement triste sans sa présence. J'y passais le moins de temps possible. En plus de mon travail, je me suis engagé dans diverses activités à raison de quatre soirs par semaine. Je revenais exténué et je ne souhaitais qu'une chose : dormir le plus rapidement possible. Toutes mes fins de semaine étaient planifiées à l'avance. Je m'organisais pour être toujours entouré. Mes enfants étaient ravis. Ils m'encourageaient à continuer ainsi tout en se disant étonnés de voir que je m'en sortais si bien et que je démontrais autant d'énergie. Un soir, en sortant d'un match de tennis, j'ai eu un malaise. Je me suis ainsi retrouvé aux soins intensifs avec un infarctus. C'est durant ma période de convalescence que j'ai pris conscience que j'avais tout simplement fui mon deuil.*
>
> Denis, 55 ans, veuf depuis peu

En général, on n'aime pas plus voir souffrir l'autre que souffrir soi-même, et ce sont souvent nos proches qui nous incitent à nous lancer à corps perdu dans certaines activités afin de fuir notre deuil.

Je ne sais plus combien de fois des amis, avec toute la bienveillance dont ils étaient capables, m'ont répété, après la mort de mon frère : « Fais du bénévolat ! Ça va te changer les idées. » Ça me fâchait parce que je sentais que je devais d'abord régler des choses en moi.

Ginette, 62 ans, qui a soutenu son frère
durant sa longue maladie

S'investir dans le travail

Après le décès d'une personne significative, beaucoup d'endeuillés s'investissent totalement dans leur travail, croyant – à tort – qu'ils oublieront ainsi plus rapidement. Faire son deuil n'est pas oublier. Au contraire, c'est en quelque sorte apprendre à bien se souvenir.

Après le suicide de ma fille, je me suis jeté à corps perdu dans mon travail. Il m'arrivait souvent de passer plus de soixante heures par semaine au bureau. Neuf mois plus tard, je me suis retrouvé totalement épuisé et en dépression.

Georges, 54 ans

Les moyens que nous prenons pour éviter de ressentir nos émotions prennent parfois une forme très louable.

Six mois après le décès de ma fille, je me suis jointe à une équipe de bénévoles œuvrant auprès de personnes en difficulté. Je désirais honnêtement et profondément aider les autres. J'ai dû me retirer de l'équipe après quelques semaines, la souffrance des autres m'étant devenue intolérable. Elle reflétait la mienne, qui était encore comme une plaie vive.

Éva, 51 ans

Examinez attentivement tout ce que vous faites et qui vous empêche d'être en contact avec vous-même, avec vos émotions. Bref, découvrez tout ce qui vous sert d'échappatoire.

Questionnez-vous. Pourquoi est-ce que je ne m'arrête jamais ? Est-ce que ces activités me ressourcent ou si elles me vident ?

La tentation de sombrer dans la maladie

Sans trop vous en rendre compte, vous pourriez chercher à justifier votre souffrance et votre chagrin par le biais de la maladie.

> *Après le décès de mon mari, j'avais mal partout ! Je cherchais une cause physique qui aurait expliqué mes malaises. Je suis allée de médecin en médecin, d'examen en examen, de médicament en médicament, sans jamais être vraiment soulagée. Je percevais toujours cette innommable douleur au fond de moi et j'en avais très peur. Je savais en quelque sorte que cette douleur avait pour nom : chagrin refoulé...*
>
> Jeanne, 42 ans

Ce genre d'attitude ne sert qu'à refouler les émotions et à retarder le deuil. Cela ne veut pas dire pour autant qu'il faille éviter de consulter un médecin si on se sent souffrant. Au contraire, il est à la fois sage et rassurant de le faire. Si le médecin vous propose un examen général, acceptez sa proposition, particulièrement si votre santé était fragile ou chancelante avant le deuil. N'oubliez pas de signaler votre situation de deuil.

Consommation d'alcool, de drogues et de médicaments

L'alcool, les drogues et les médicaments peuvent avoir un effet calmant et apaiser momentanément la souffrance. Mais ce soulagement n'est que temporaire. Il ne fait qu'anesthésier les émotions, et le retour à la réalité peut être très pénible. C'est là que survient le danger de l'accoutumance.

> *Après le décès de Robert, j'ai commencé à prendre un verre pour tromper mon ennui. L'effet anesthésiant de l'alcool m'était « secourable » mais je me jurais toujours que c'était le dernier verre. Pour continuer à obtenir le même effet, j'ai dû augmenter la dose... Jusqu'au jour où j'ai vraiment pris conscience que je ne pouvais plus me passer de la boisson et que mon deuil n'était pas fait pour autant.*
>
> Louise, 57 ans

Je ne saurais trop vous conseiller la prudence. À un moment où toute la vie est chamboulée par le deuil, il est très facile de glisser, sans trop s'en rendre compte, dans le gouffre de la dépendance aux médicaments, à l'alcool ou aux drogues. Et il est beaucoup plus difficile d'en sortir que d'y entrer. La dépendance, quelle que soit la forme qu'elle prenne, ne répare ni ne guérit rien : elle cache le deuil, elle inhibe les émotions.

La mort d'une personne significative entraîne invariablement de la souffrance. Fuir cette souffrance est une
réaction courante. Vous aussi pouvez être tenté de le
faire.

Voici quelques exemples de fuite :

- S'engager dans toutes sortes d'activités qui ne laissent
  pas de temps face à soi-même, face à ses émotions.

- S'investir totalement dans le travail.

- Chercher à justifier sa souffrance par le biais de la
  maladie.

- Anesthésier sa souffrance par la consommation
  d'alcool, de drogue ou de médicaments...

Libérer ses émotions de manière responsable et socialement acceptable

Les émotions agréables se libèrent en général naturelle-
ment, mais il en va tout autrement pour les émotions désagréables. Beaucoup de sociétés dites civilisées ou évoluées
semblent d'ailleurs avoir perdu la capacité de composer
avec cette autre partie de l'humain. Or, le deuil peut jeter
un pont entre ces deux pôles et les réunifier.

Le refus des émotions désagréables, l'incroyable variété
des stratégies de fuite que l'être humain peut élaborer
pour échapper à sa souffrance et pour tenter de trouver
un pseudo-équilibre et les conséquences parfois désastreu-
ses que cela peut entraîner, notamment sous la forme de
maladies, sont pour moi une confirmation très claire de
l'urgence qu'il y a à s'éduquer face au deuil. Il faut surtout

se sensibiliser aux phénomènes qui l'accompagnent – par exemple, les émotions bouleversantes qui peuvent submerger l'endeuillé.

> *J'ai dépensé beaucoup d'énergie à résister à ma souffrance. Une grande tension a disparu le jour où j'ai accepté de vivre consciemment mon deuil. Cependant, j'ai trouvé très éprouvant le fait de n'avoir personne qui me comprenne et qui m'accueille...*
>
> Louis, 55 ans

Ces émotions qui nous paraissent souvent si dévastatrices sont naturelles ; elles recèlent une formidable quantité d'énergie qui doit être libérée. Cela ne signifie en aucun cas qu'il faille se laisser dominer par elles, qu'elles doivent prendre toute la place ou que l'évacuation de l'énergie qu'elles génèrent doive se faire n'importe comment, au risque de se blesser soi-même ou de blesser autrui. La vigilance s'impose pour bien situer – et pour maintenir – la frontière entre une saine libération de l'émotion et la complaisance.

Il en est ainsi pour les deux catégories d'émotions – agréables comme désagréables. Lorsqu'on entre dans le territoire des émotions, on entre aussi dans celui de ces énergies. Et il faut les maîtriser, les dominer, particulièrement lorsqu'il s'agit de la colère. L'énergie de la colère est si puissante que, si on la laisse s'exprimer sans contrainte, elle peut devenir une sorte de drogue dangereuse, ni plus ni moins.

Alors, comment libérer ces émotions, direz-vous ? La plupart des endeuillés que j'ai accompagnés me posent cette question et la réponse est : « De manière responsable et socialement acceptable. »

Je termine ce chapitre en vous proposant différentes stratégies et techniques pour libérer ces émotions. Aucun de ces moyens ne saurait convenir à tous, ni à toutes les étapes du deuil. Bien entendu, il y en a sûrement beaucoup d'autres à explorer. Choisissez et expérimentez consciemment ceux avec lesquels vous avez le plus d'affinités.

Je vais pleurer près de la rivière et je visualise le courant emportant ma peine.

Yolande qui pleure son enfant décédé à 12 ans

Pleurer

Le moyen le plus simple de libérer sa tristesse est, bien souvent, de pleurer ; car les larmes ont la faculté d'apaiser et de purifier. De plus, elles libèrent une substance calmante et bienfaisante appelée endorphine. Pleurer permet aussi d'éliminer certaines tensions corporelles

Je prenais conscience à quel point les sensations désagréables d'oppression au niveau de la poitrine diminuaient lorsque je pleurais sans retenue.

Yolande

Crier

Le Dr Elizabeth Kübler-Ross, la pionnière du deuil conscient en Amérique du Nord, a toujours souhaité que tous les hôpitaux disposent d'une pièce insonorisée où les proches puissent extérioriser librement leur douleur à la suite de la perte d'une personne significative. Malheureusement, cela reste encore un vœu pieux.

Rendez-vous dans un lieu sûr. Enfermez-vous dans votre voiture, les vitres fermées, ou encore dans une pièce isolée ; enfouissez votre tête dans un oreiller ou allez en forêt, bref, trouvez un lieu isolé ou un moyen de vous isoler, et... criez. Vous pouvez aussi demander à une personne avec laquelle vous vous sentez en confiance de vous accompagner. Il est très important que cette personne comprenne ce que vous vivez et qu'elle accepte vos réactions.

Si vous éprouvez le besoin de frapper, faites-le sur des oreillers ou sur des coussins ; évitez de vous blesser ou de blesser autrui.

> *Quand je rageais trop, je frappais les coussins, le matelas, tout ce qui se trouvait là et que je pouvais frapper sans risquer de me blesser.*
>
> Johanne, qui a perdu un bébé de 10 mois

Le cas échéant, ne retenez pas les jurons, les blasphèmes, les propos orduriers. C'est une des raisons pour lesquelles il est important de vous isoler ; vous devez agir de manière responsable, sans blesser, scandaliser ou heurter quiconque par vos paroles ou vos gestes.

S'allier à la nature

Alliez-vous avec respect aux forces de la nature. Profitez du vent – qu'il soit doux ou violent –, de la tempête, des vagues, de la pluie et de toutes les ressources de votre environnement.

J'ai particulièrement ressenti la force « guérissante » de la nature un jour où je me promenais dans la forêt. Soudain, j'ai été attirée par des cris. Je me suis approchée et j'ai alors aperçu une jeune femme dans la trentaine. Elle criait des mots inintelligibles, porteurs d'une douleur indicible que je ressentais à distance. Je me suis éloignée avec respect, puis je me suis reliée à elle et à la nature qui m'entourait, dans un grand courant de compassion. Toute la nature est alors devenue compassion.

S'exprimer par les arts

La peinture, le dessin, la musique, le chant et la danse constituent des activités très libératrices lorsqu'on s'y adonne consciemment.

> Les toiles que j'ai peintes durant les mois qui ont suivi le décès de mon copain n'expriment pas la tristesse. Elles sont tristesse... ma tristesse.

Fernande, 42 ans

> Après la mort de ma femme, et malgré la désapprobation sociale, j'allais danser le rock jusqu'à épuisement. J'étais conscient de libérer la colère que ce décès prématuré faisait émerger en moi.

Daniel, 40 ans

> Lorsque j'ai accompagné ma sœur à la fin de sa vie, durant l'heure et demie que durait le trajet pour aller chez moi ou en revenir, je faisais jouer des pièces musicales spécialement choisies pour libérer ma peine. Et je pleurais, pleurais...

Suzanne, 60 ans, avant que le cancer
n'emporte sa sœur

Écrire

L'écriture constitue un outil thérapeutique très efficace pour travailler sur le deuil ; elle a aussi l'avantage d'offrir plusieurs variantes.

Assurez-vous d'être dans des conditions favorables pour ce type d'exercice. Selon votre personnalité et votre état d'âme, choisissez un endroit isolé, calme, où vous ne risquez pas d'être dérangé. Si cela peut vous faciliter la tâche, mettez près de vous des objets significatifs : photos, bougie, musique, etc.

Prenez le temps de bien vous installer, respirez profondément pour être en contact avec vous-même...

Que vous écriviez pour vous sous forme de journal ou autre, à la personne décédée, au médecin que vous tenez pour responsable du décès, à Dieu ou à toute personne à qui vous avez des choses à dire, n'ayez pas d'attentes ou d'objectifs précis. Faites confiance à votre sagesse, abandonnez-vous à vous-même et à ce qui va émerger. Ne vous autocensurez pas, ne vous jugez pas, écrivez ce que vous ressentez tant que vous aurez l'élan pour le faire et, surtout, donnez-vous l'autorisation d'exprimer toutes vos émotions, quelles qu'elles soient.

> *Cela m'a tellement soulagé de mettre sur papier toute une bordée d'insultes au médecin qui n'avait pas su diagnostiquer le cancer du sein de ma conjointe ! Je n'ai même pas éprouvé le besoin de lui faire parvenir la lettre et je l'ai tout simplement brûlée.*
>
> Robert, 54 ans, en deuil de sa femme

> *J'avais tellement de choses à dire à ce grand adolescent. Tous mes employés partis, je me retrouvais seul dans mon bureau et je plaçais la photo d'Hugo bien en vue. Les écrits et les émotions variaient selon mon état d'âme. Je me suis autorisé à tout lui dire : amour, colère, ressentiment, regrets, excuses, tristesse, ennui, pardon. J'ai tellement pleuré ! Ce que je ne pouvais me permettre en présence d'autres personnes. Parfois, j'imaginais ses réponses et ça me réconfortait.*
>
> Yves, 56 ans, homme d'affaires
> dont le fils s'est suicidé à 18 ans

Un mode original d'utilisation de l'écriture

Tout comme Yves, Rolande a beaucoup écrit après la mort de son père avec qui elle a vécu une relation difficile.

J'écrivais de longues lettres à cet homme violent et autoritaire, et sans les relire, je les mettais à la poste dans une enveloppe à mon adresse.

Lorsque je les relisais, après réception quelques jours plus tard, j'étais très attentive à mes réactions et je pouvais mesurer mon degré de détachement relativement à ces écrits. Parfois, j'ajoutais quelque chose et recommençais le même manège jusqu'à ce que la lecture me laisse sans émotions désagréables. À certains moments, je me surprenais même à rire de ces écrits. Ensuite, je brûlais le tout et j'étais apaisée...

Il m'arrive souvent de recevoir des lettres et des courriels de personnes qui ont tout simplement besoin d'être en lien avec quelqu'un ou d'avoir un témoin de leur tristesse. Ces gens n'attendent pas forcément de réponse.

Utilisez les techniques corporelles

Différentes techniques de massage favorisent la libération des tensions physiques et émotives. Assurez-vous toutefois de faire vraiment confiance à la personne qui vous donnera le massage et à qui, en quelque sorte, vous vous abandonnerez totalement. Informez-la de votre situation de deuil.

Il existe aussi différentes techniques de respiration consciente, guidées ou non, accompagnées de musique ou pas. Ces modes d'expression supposent un encadrement fourni par des personnes compétentes, car vos réactions peuvent être aussi violentes qu'inattendues.

On trouve sur le marché une quantité impressionnante d'enregistrements de musique de détente, d'exercices guidés et de méditation, qui sont des outils très efficaces pour la gestion du stress.

Tous ces moyens de libérer les émotions ont différentes variantes, et aucun d'entre eux n'est magique. Choisissez-en un ou plusieurs, en vous respectant avant tout.

> *Je me sentais tellement ridicule de participer à la session collective de défoulement sur un coussin...*
>
> Luc, 31 ans, participant à un groupe d'entraide

> *Je n'avais pas envie de crier, mais mon thérapeute m'encourageait à le faire en criant lui-même.*
>
> Yvette, 51 ans

L'expérimentation de ces moyens peut vous procurer un soulagement considérable. Évitez cependant de vous y perdre. Déterminez une durée précise et respectez-la. Ne ruminez pas vos émotions en dehors de ces moments ; ne vous laissez pas dominer par elles. Bref, ne maintenez pas indéfiniment ce climat émotif.

> *Tous les dimanches matin, je m'obligeais à consacrer une heure à l'écriture – je dépassais rarement la limite de temps que je m'étais fixée. Je pleurais beaucoup. Par la suite, je retrouvais mon équilibre en cuisinant. Les odeurs et les couleurs me ramenaient dans le « vivant ».*
>
> Georgette, 47 ans, après le suicide de sa fille

Garder l'équilibre dans un monde chaviré

Même si vos émotions doivent faire surface pour être consciemment libérées, cela ne signifie pas pour autant que vous deviez plonger en elles et vous laisser dominer par elles.

- N'entretenez pas votre peine, votre tristesse ou votre colère. Évitez de ruminer votre sentiment de culpabilité ou votre ressentiment.

- Évitez de vous apitoyer sur votre sort et de vous considérer comme une victime.

- Vous n'êtes pas qu'émotions. Dominez-les, car si vous devez les exprimer et les libérer, vous devez également en rester maître.

Pour vous sortir de ce climat émotif :

- Donnez des ordres à voix haute. Par exemple, dites-vous : « Sors de là, c'est assez pour aujourd'hui... » Ou encore, s'il s'agit de votre peine : « OK, pour aujourd'hui, je reprends le contrôle. »

- Faites une promenade, pratiquez un sport, communiez avec la nature. Rendez-vous dans un parc voisin et regardez jouer les enfants. Mieux encore, participez à leurs jeux.

- Regardez un film burlesque ou une comédie, à la télévision ou au cinéma, mais évitez les scènes de violence, les tragédies et les drames.

- Imprégnez-vous de beauté, de douceur.

Un moment de douceur et de réconfort

- Respirez profondément à quelques reprises.

- Remémorez-vous un moment d'amour et de tendresse vécu avec la personne décédée ou avec une autre personne.

- Prenez le temps de bien revisiter la scène en imagination, mettez-vous en présence de la personne, revoyez tous les détails, la saison, l'atmosphère, le lieu, les couleurs, les odeurs, les paroles, les silences, les gestes, les vibrations d'amour qui se dégagent...

- Prenez le temps de les ressentir.

- Placez vos deux mains ouvertes côte à côte et déposez-y cet amour vibrant.

- Ressentez-le profondément.

- Avec un geste solennel, pressez doucement vos mains ouvertes au niveau de votre cœur...

- Laissez couler doucement, très doucement, cet amour.

- Ressentez-le dans vos veines, dans tous vos membres, dans tout votre corps.

- Exprimez votre gratitude en remerciant pour ce trésor que vous possédez en vous et que rien ni personne ne peut vous ravir.

Pour m'aider à faire la traversée consciente de mon deuil...

Vivre avec ses émotions

Plus on cache une chose, plus elle devient apparente.
Proverbe bouddhiste

Les émotions avec lesquelles je ne suis pas à l'aise, que je refuse ou refoule, ou que j'ai du mal à exprimer adéquatement sont : _____
_____
_____
_____

En général, j'exprime mes émotions désagréables comme la peine, la colère, la culpabilité et le ressentiment en
_____
_____
_____
_____

Lorsque je refoule des émotions désagréables, je me sens ou je deviens _____
_____
_____
_____
_____

Parmi les moyens suggérés pour libérer mes émotions, je choisis d'expérimenter _____
_____
_____
_____

TROISIÈME PARTIE

RACONTER SON HISTOIRE

*Notre société ne sait plus ressentir,
car trop d'histoires demeurent secrètes
et ne seront jamais entendues.*
Marion Woodman

UNE STRATÉGIE EFFICACE
POUR FAIRE SON DEUIL

Raconter son histoire avec la personne qui n'est plus facilite grandement le travail de deuil. C'est une stratégie des plus efficaces pour ordonner le chaos dans lequel le deuil nous place. Prendre la parole, raconter son histoire apaiseront la souffrance pendant cette traversée difficile de l'existence. Vos proches sont les témoins à privilégier si cela vous est possible. L'expression de ce qu'ils ont vécu avec la personne qui n'est plus peut enrichir votre histoire. Assurez-vous cependant qu'ils manifestent l'ouverture d'esprit voulue et qu'ils vous permettront d'exprimer ce que vous ressentez. Toutefois, s'ils ne sont pas prêts à le faire ou s'ils sont peu ou pas du tout disponibles, respectez leur refus ; ils ont assurément de bonnes raisons d'agir ainsi.

Dans ma famille, dès que j'essayais de parler de la maladie et de la mort de ma femme, on changeait vite de sujet. Je sentais un grand malaise. Cela me blessait de constater qu'on préférait parler de la température plutôt que de Marie. Je ne pouvais rien faire et j'ai demandé à mon ami de m'écouter, de me soutenir. J'ai compris beaucoup plus tard qu'eux aussi étaient aux prises avec la peine et qu'ils ne savaient pas comment recevoir la mienne.

Léo, 52 ans

Si vous ne souhaitez pas ou ne pouvez pas trouver de l'écoute et du soutien auprès de vos proches, tournez-vous vers une personne en qui vous avez confiance.

Le secours d'une « grande oreille »

Il est réconfortant d'avoir une personne à qui l'on peut se confier, particulièrement lorsqu'on traverse un deuil. Y a-t-il dans votre entourage cette « grande oreille » en qui vous avez confiance, avec qui vous pouvez parler librement ? Cette personne que vous avez choisie pour écouter votre histoire doit posséder des qualités essentielles. Elle doit être discrète, respectueuse, ouverte et avoir la capacité d'accueillir vos propos et vos émotions sans porter de jugement. L'exercice « Mon réseau de soutien », à la page 142, peut vous aider à découvrir cette précieuse « grande oreille ». Établissez des paramètres précis quant à sa disponibilité, à la liberté qu'elle a de vous dire non à certains moments ou de refuser de jouer ce rôle lorsqu'elle se sentira inadéquate ou dans l'impossibilité de vous entendre vous raconter.

J'ai malheureusement été trop souvent témoin de relations familiales rompues ou de belles amitiés brisées à jamais parce que de telles règles n'avaient pas été établies. Des personnes « grande oreille » très bien intentionnées, se sentant envahies ou dépassées par l'expérience de l'écoute et du soutien, ont brusquement mis fin à la relation sous divers prétextes, ce qui a eu pour effet d'augmenter la souffrance de l'endeuillé.

Je suis très en colère contre ma belle-sœur. Nous nous sommes querellées quand je l'ai informée que je savais très bien que toutes les raisons qu'elle invoquait pour mettre fin à nos conversations téléphoniques — une sortie

urgente, un ami qui arrive, un plat qui brûle, etc. –
étaient fausses. J'avais pourtant un grand besoin de lui
parler de la mort de mon fils...

Véronique, 55 ans

Il s'agit là d'un exemple parmi tant d'autres, et c'est
bien malheureux qu'il en soit ainsi puisque, dans la plupart
des cas, cette situation aurait pu être évitée. Inversement,
j'ai souvent été témoin d'amitiés qui se sont enrichies et
solidifiées à la suite d'une telle expérience.

Je serai à jamais reconnaissante à mon ami Yvon, qui a
eu une qualité d'écoute extraordinaire et m'a manifesté
un accueil des plus chaleureux tout au long de mon deuil.
À deux reprises il m'a dit clairement qu'il n'était pas
disponible, et j'ai beaucoup apprécié sa franchise et son
honnêteté. Nous nous étions bien entendus sur ce sujet.
Nos liens d'amitié se sont par la suite resserrés et ils sont
toujours très profonds.

Paul-Émile, 39 ans

Il est possible que vous n'ayez personne à qui vous
raconter ou que vous ne souhaitiez pas le faire. Vous pouvez alors vous joindre à un groupe si vous en avez la
possibilité.

Le réconfort d'un groupe d'entraide ou de parole

Vous pourrez puiser beaucoup de réconfort et de sagesse
à l'intérieur de ces groupes où les autres participants
racontent leur histoire. Lorsque les personnes qui animent
ces rencontres le font dans le respect, elles peuvent en
faire un lieu privilégié, un sanctuaire même où l'histoire de
chacun trouve son propre sens. Ces histoires racontées

collectivement sont des gestes sacrés qui ont un grand pouvoir de guérison. Contrairement à certaines croyances populaires, le fait d'être témoin de la souffrance des autres ne nous démolit pas. Cela nous rapproche de nous-même, de notre propre souffrance. Cela nous met en contact avec elle, nous permet de la vivre, de nous réparer, de nous guérir.

Ces groupes sont de plus en plus nombreux. Informez-vous auprès des organismes communautaires, des centres hospitaliers ou auprès des responsables de votre paroisse pour connaître les ressources existantes.

Différentes manières de raconter son histoire

Les souvenirs, les albums de photos, les écrits ayant appartenu à la personne qui n'est plus sont d'excellents supports pour raconter son histoire. Cependant, la parole n'est pas possible pour tous. Certaines personnes n'ont jamais appris à raconter, à se raconter. D'autres n'aiment pas le faire, ou n'y sont pas disposées, ou éprouvent un malaise à cette idée en raison de l'état et des circonstances entourant leur deuil. Il existe d'autres techniques très efficaces, et parmi celles explicitées ci-dessous, il y en a sûrement une qui vous conviendra.

L'écriture

Écrire est très « guérisseur ». Cela permet de clarifier ses pensées, ses émotions, et d'identifier ce que l'on éprouve au-delà de sa sensation de tristesse et de malheur. Il est possible qu'on ne puisse nommer précisément l'émotion que l'on ressent, mais le fait de tenter de l'exprimer avec des mots permet de se distancer de son état et, de ce fait, d'en avoir une vision plus juste. L'écriture s'accommode de toutes les modalités, qu'il s'agisse du moment, de la durée, du contenu, de l'utilisation, etc.

Il est fréquent que des endeuillés veuillent me lire des bribes de leur histoire à voix haute. Vous pouvez faire de même avec votre « grande oreille » et à l'intérieur de votre groupe de soutien. Cet exercice fait généralement émerger toute une gamme d'émotions qui fait progresser le travail de deuil.

Après le décès subit de son mari, Pierrette, 57 ans, a décidé de raconter son histoire sous forme de roman.

> *Je savais très bien que je ne le publierais jamais, et d'ailleurs tel n'était pas mon but. La discipline que je m'étais imposée m'a été très bénéfique. Plus mon roman avançait, plus je devenais authentique dans mon récit. Cela m'a permis de voir clair dans la relation que j'avais vécue avec mon mari, et je me suis détachée plus facilement. Lorsque j'ai eu fini mon deuil, j'ai repris mon histoire à partir des premiers souvenirs de mon enfance. Je me suis aussi beaucoup rapprochée de ma mère avant sa mort. Toute cette démarche d'écriture m'a amenée à me connaître beaucoup mieux.*

Après le suicide de son fils, Jeannette a choisi de raconter son histoire par le biais d'un journal intime.

> *Cette activité quotidienne m'a permis de garder le contrôle, de me discipliner, de me stimuler pour aller au bout de mon deuil.*

Laissez libre cours à votre spontanéité. Consignez les principaux événements vécus avec la personne qui n'est plus. Écrivez ce que vous ressentez ; c'est pour vous que vous écrivez cette histoire, pour vous guérir. Certaines personnes conservent leurs écrits et les relisent à l'occasion ; d'autres les détruisent au fur et à mesure.

Personnellement, je relis parfois ce que j'ai écrit, jusqu'à ce que je me sois dégagée de la charge émotive qui s'était accumulée, c'est-à-dire jusqu'à ce que la lecture ne soulève plus d'émotions dérangeantes, bouleversantes. J'ai l'habitude de brûler mes écrits : le feu représente pour moi une forme de purification.

L'utilisation d'un magnétocassette

Raconter mon histoire, l'enregistrer, l'écouter, la reprendre, l'enrichir, l'interrompre pour me donner le temps de vivre mes émotions, de les ressentir dans toutes mes fibres, de me « fabriquer du sens », c'est ce que m'a permis l'utilisation du magnétocassette. Il a été un outil très efficace qui m'a permis d'aller au bout du deuil que je vivais au moment où j'écrivais ce livre. (Voir l'épilogue : *Le deuil ne ment pas*, page 221.) J'ai expérimenté la facilité avec laquelle l'émotion émerge lorsque plusieurs éléments sont mis à contribution. J'ai aussi beaucoup apprécié de pouvoir déterminer le rythme selon lequel mon histoire prendrait forme.

Les albums souvenirs

Constituer des albums souvenirs est un excellent moyen de raconter son histoire. Les photos ainsi rassemblées prennent toute leur signification.

> *C'est avec beaucoup de soin que j'ai sélectionné les albums qui relateraient mon histoire. J'ai voulu des couvertures aux dessins harmonieux, à l'image de ce qu'avait été notre relation. J'ai ainsi revécu de bons moments qui m'ont fait pleurer et rire. J'ai laissé monter toutes les émotions que ces exercices faisaient émerger. Mon travail de deuil a beaucoup progressé, même si je trouvais cela difficile par moments.*

Victor, 59 ans

Tel un film

Selon leur personnalité, certaines personnes préfèrent se raconter leur histoire à elles-mêmes, en la reconstituant tel un film.

> *J'ai revu toute ma vie avec ma femme. Après avoir consulté les albums et visionné les diapositives et les vidéos, je repassais tout cela dans ma tête, leur donnant un titre, comme dans un film.*

Claude, 51 ans

La boîte à souvenirs

Il s'agit de créer une boîte où l'on range des objets significatifs, des photos rappelant l'histoire vécue avec le défunt. Certaines personnes prennent plaisir à la décorer, à la personnaliser et trouvent réconfortant de revoir ces souvenirs lorsque, par exemple, elles traversent une période d'ennui ou qu'elles font découvrir ces « trésors » à des proches du défunt.

Une démarche bienfaisante, souvent exigeante

Quelle que soit la formule choisie, raconter son histoire reste une démarche bienfaisante mais également exigeante. Peut-être qu'elle sera douloureuse et prendra du temps, mais elle vous conduira vers la guérison. Le fait de raconter votre histoire vous donnera accès à votre chagrin et en facilitera l'expression, vous évitant le risque qu'il demeure caché, qu'il s'enracine et vous emprisonne. Au fur et à mesure que vous parlerez de votre chagrin, que vous l'exprimerez, vous vous rendrez compte que vous souffrez moins.

Au début de votre deuil, vous éprouverez probablement un grand besoin d'évoquer les événements entourant le décès, les derniers moments de la personne décédée ou les circonstances de l'accident qui a causé sa mort. Peut-être parlerez-vous de la mort, de la veillée au salon funéraire, des funérailles, du repas qui a suivi l'enterrement ou de la crémation. Il est bon que vous vous exprimiez ainsi, et le fait que vous vous permettiez d'en parler à plusieurs reprises vous aidera à reconnaître graduellement la mort de l'autre, la réalité du « ce ne sera plus jamais pareil... »

Je voyais sans cesse défiler les images du salon funéraire.
Je voyais le cercueil, les fleurs, les proches qui venaient et
repartaient, le cortège se dirigeant vers la chapelle, les
chants, les paroles du célébrant, etc. Je relisais les cartes
de sympathie, m'arrêtant aux moindres détails. J'avais un
pressant besoin de raconter à répétition.

Pauline, 52 ans

Vous aurez probablement tendance à raconter par la suite les épisodes les plus heureux, les plus riches de votre histoire. Ces récits mettront en lumière toute l'importance que cette personne avait pour vous et pourront vous faire passer des pleurs aux rires.

Puis surgiront les épisodes les plus difficiles, les épreuves, les conflits, les malentendus, qui font partie intégrante de la vie. Peut-être, à ce moment, serez-vous tenté de mettre fin prématurément à l'histoire avant qu'elle soit complétée en vous justifiant avec ces paroles : « On ne réveille pas les morts. » Les normes sociales voulant qu'on ne parle pas en mal des morts, vous ne serez pas encouragé par votre entourage à poursuivre votre récit. Dans une perspective de démarche de deuil, ce n'est pas le fait de parler en mal d'une personne décédée qu'il faut considérer. Il s'agit plutôt de reconnaître que cette personne était un être humain comme vous et moi, avec son côté lumineux et son côté ombragé. Cet aspect de votre relation, aussi difficile et douloureux à accepter et à raconter soit-il, indispensable à l'issue positive du processus de deuil, permet de dégager une image réaliste et saine du défunt et de votre relation avec lui.

Raconter son histoire telle qu'elle a été vécue peut nous mettre en contact avec des situations inachevées, des promesses non accomplies, autant d'éléments à ne pas escamoter, à ne pas laisser dans l'ombre afin de pouvoir faire la paix avec soi-même et avec l'autre. La relation de cette histoire que la mort a figée vous permettra de trouver graduellement un sens à cet événement ; lequel sens apaisera la souffrance.

Les bénéfices reliés à la narration de son histoire

Le récit authentique de l'histoire de votre relation avec la personne décédée peut vous aider à :

- Mettre en lumière les périodes heureuses, riches et significatives de votre relation, comme les moments plus difficiles ou les situations conflictuelles.

- Mettre en lumière les situations non réglées.

- Développer une image saine et humaine de la personne disparue.

- Développer une image réaliste de votre relation avec elle.

- Prendre conscience de vos forces et des ressources que vous avez déployées pour faire face aux coups durs de la vie.

- Dégager le fil conducteur qui a guidé votre vie, vos valeurs et vos choix.

- Faire l'inventaire de votre réseau social, présent et passé.

- Vous situer dans le présent en faisant le lien avec le passé et en dégageant des perspectives pour l'avenir.

- Donner un sens aux événements qui vous arrivent.

- Prendre profondément conscience du caractère sacré de la Vie, de votre vie.

Pour m'aider à faire la traversée consciente de mon deuil...

Quelques bribes de mon histoire avec _____

Son aspect ensoleillé

Mon histoire avec _____ a duré pendant
_____ ans. Je me remémore des périodes ensoleillées.

• Trois beaux souvenirs :_____
_____
_____
_____

• Un moment de grand bonheur :_____
_____
_____
_____

• Un moment de grande tendresse :_____
_____
_____
_____

• Un moment magique :_____
_____
_____
_____

• Les qualités que j'admirais le plus :_____
_____
_____

• Ce qui me manque le plus depuis son décès :_____
_____
_____
_____

Pour m'aider à faire la traversée consciente de mon deuil...

Quelques bribes de mon histoire avec _____

Son aspect ombragé

Mon histoire avec _____ a duré pendant
_____ ans. Il y a eu des périodes plus ombragées.

• Notre relation était difficile lorsque :_____
_____
_____
_____

• Les défauts que j'avais le plus de difficulté à tolérer :_____
_____
_____
_____

• Un événement ou une situation que j'effacerais de ma
mémoire si c'était possible :_____
_____
_____
_____
_____

• Les aspects de notre relation dont je ne m'ennuie pas ou
que je suis soulagé de ne plus devoir vivre :_____
_____
_____
_____

QUATRIÈME PARTIE

LA RÉORGANISATION ET LA RÉAPPROPRIATION DE SA VIE

La première étape d'une approche spirituelle
est de reconnaître l'existence de ce qui est,
de le nommer en prononçant doucement
« tristesse », « souvenir » ou autre.
Jack Kornfield

La réorganisation
et la réappropriation de sa vie

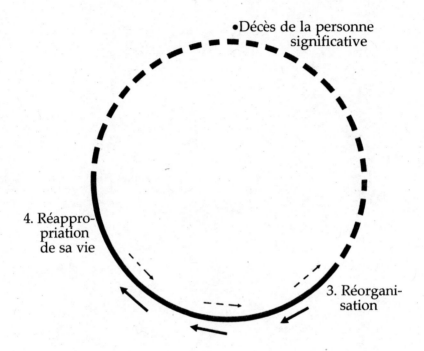

- Réorganisation : détachement, expression des émotions, réparation, espoir, désinvestissement de la relation avec la personne qui vient de mourir.

- Réappropriation de sa vie : réflexion, nouvelle identité, valeurs différentes, créativité, sens, investissement dans le monde des vivants.

Ces deux étapes se chevauchent et il peut parfois y avoir un retour surprenant aux étapes précédentes alors que l'on croyait les avoir dépassées. Si on les vit bien, ces retours se feront de plus en plus rares et ils seront de plus en plus faciles à gérer.

L'histoire de Louis

Louis, 36 ans, est en deuil de son conjoint Yves, décédé à 44 ans du sida. Il s'est écoulé 14 mois entre le décès d'Yves et le moment où Louis a accepté, pour les besoins de ce livre, de raconter son histoire.

> Même si je savais, même si je m'y attendais, la mort d'Yves a été un choc. Notre vie commune aura duré neuf ans et c'est seulement durant les deux dernières années que nous avons vécu avec au-dessus de nous l'échéance inéluctable de la terrible maladie qui progressait très rapidement.

> L'état de santé d'Yves s'est détérioré très vite. Il n'a pas voulu lutter et il a refusé toute médication. Sa décision était claire et son état ne laissait aucun espoir de guérison ni même la possibilité de prolonger sa vie.

> Ses trois derniers mois, Yves a voulu les passer dans un centre d'hébergement qui accueillait les personnes atteintes comme lui. Je suis demeuré seul dans notre appartement. Je le visitais quotidiennement et l'ai accompagné jusqu'à la fin. Son absence était insupportable par moments, et à d'autres moments, je me sentais soulagé. J'avais de la peine, une immense peine, et je lui en voulais de ne pas avoir lutté, de ne pas avoir au moins « tenté » l'expérience de la médication.

> Je me questionnais. Pourquoi n'avait-il jamais voulu parler des circonstances dans lesquelles il avait contracté le virus ? Pourquoi lui et pas moi ? Pourquoi moi étais-je en vie et pas lui ? Où était la justice dans tout ça ?

Je voulais me venger, oublier ma peine et ma colère, ne rien ressentir... Je me suis mis à fréquenter les bars pour y noyer mon désarroi dans l'alcool, pour étouffer mon chagrin dans la drogue. J'ai tenté d'oublier Yves au hasard de nouvelles conquêtes, mais il m'était impossible d'investir dans de nouvelles relations. J'étais de plus en plus malheureux, déprimé et confus. J'avais honte, je me sentais sale. Le trou noir que je ressentais à l'intérieur était de plus en plus vaste, de plus en plus froid.

J'avais même renoué avec la prière, abandonnée depuis ma jeune adolescence. Mais rien ne m'arrachait à mon désastre, à ma destruction. J'ai alors demandé à « plus grand que moi » – à Dieu, je crois – de mettre sur ma route quelqu'un qui me viendrait en aide. Une amie qui avait perdu sa mère me téléphone sur ces entrefaites, m'annonçant qu'elle participerait à des rencontres de groupe pour des personnes en deuil.

Je me retrouve donc à faire partie de ce groupe. Dès la première rencontre, je prends conscience qu'il m'appartient à moi de me réparer, de faire le ménage à l'intérieur de moi, de me libérer. Quoique bien accompagné et bien soutenu par Suzanne et par les autres personnes endeuillées, la tâche est ardue et exige énormément de courage, de volonté et de ténacité. J'avais très peur de mes émotions négatives et de la souffrance qu'elles engendraient.

De semaine en semaine cependant, je reprenais peu à peu la maîtrise de ma vie. Parfois même, je m'étonnais de m'entendre chanter en me levant le matin.

Parmi les moyens proposés pour libérer mes émotions, j'optais, la plupart du temps, pour le magnétocassette et l'écriture. Ces deux moyens me convenaient bien : j'ai une très belle voix et j'aime écrire.

Je choisissais les moments où j'allais enregistrer sur cassette ce que je voulais dire à Yves. Je laissais venir l'émotion, je l'accueillais.

Les premières expériences étaient très libératrices. Je n'avais que de belles choses à me rappeler et à faire partager à Yves. Ça me faisait pleurer, parfois doucement et d'autres fois à gros sanglots.

Je réécoutais la cassette à l'occasion, y faisais des ajouts. À ma grande surprise, je me détachais du contenu. Parfois, il n'y avait même plus d'émotions ; à ce moment, j'effaçais le tout.

Graduellement, l'exercice devenait plus difficile. J'avais des choses « épouvantables » à régler avec Yves. Je lui disais, par exemple : « Tu n'es qu'un salaud, tu dois m'avoir trompé pour avoir attrapé cette cochonnerie, je ne te le pardonnerai jamais », etc.

La colère montait en moi. Il m'est même arrivé de jeter sa photo à la poubelle, pour aller la chercher par la suite. J'arrêtais les exercices quand j'en avais assez... pour les reprendre plusieurs jours, même plusieurs semaines plus tard. Je voulais aller jusqu'au bout.

Cela m'a demandé énormément de courage. J'ai abandonné par moments. Je reprenais consciemment mon souffle, mais je sentais très bien la souffrance latente qui était tapie au fond de moi. Il restait des choses en suspens, des choses inachevées à régler.

Certains jours, j'écrivais spontanément. Parfois, je brûlais le tout sans rien relire ; d'autres fois, je relisais et ajoutais des phrases. J'apprenais graduellement à apprivoiser, à accueillir les émotions que ces exercices provoquaient.

Quelquefois, je me remémorais avec des amis de bons moments passés avec Yves, et ça me faisait du bien. Devant eux, je laissais entendre qu'Yves était parfait, que notre relation était idéale. Mais quand j'étais seul, certaines scènes de jalousie me revenaient en tête. J'en voulais à Yves et je m'en voulais à moi-même d'avoir accepté cette violence. J'étais parfois terrorisé par les sentiments négatifs que je ressentais envers quelqu'un qui était mort, qui n'était pas là pour se défendre. Il y avait en moi comme un besoin urgent de faire la paix avec Yves. J'ai écrit beaucoup durant cette période. J'avais de la difficulté à voir et à accepter la réalité de notre relation, qui était peu reluisante à certains égards.

Les rencontres de groupe m'ont été d'un grand secours à cette époque. Elles me donnaient l'occasion d'exprimer mes ambiguïtés et mes émotions sans me sentir jugé. Cela m'aidait à prendre du recul, de la distance. Certains jours, je me surprenais à être heureux ; j'étais content de me sentir revivre.

La vie avait progressivement repris son cours, et j'avais l'impression de mieux la gérer. Les larmes étaient bienfaitrices à l'occasion, par exemple lorsque j'ai commencé à me défaire de certains objets ayant appartenu à Yves.

Je reprenais de plus en plus contact avec nos amis communs. Que voulaient-ils conserver en souvenir d'Yves ? Chaque objet avait son histoire, et cette histoire était souvent très touchante, très belle. Ça me faisait du bien.

Cependant, j'ai été très bouleversé par la réaction des parents d'Yves quand j'ai voulu leur remettre des objets ayant appartenu à leur fils. Cette famille qui m'avait accueilli comme un des leurs m'a reçu très froidement. J'ai rapidement compris qu'ils ne souhaitaient pas poursuivre la relation. Ils vivaient très mal la décision d'Yves de me léguer tous ses biens par testament.

Très en colère, je me suis mis à ressasser des situations très douloureuses vécues avec mes parents. Pourtant, j'avais assez de mon deuil à traverser...

Quinze ans auparavant, il m'était devenu impossible de continuer à cacher mon orientation sexuelle. Ma famille m'a alors rejeté, et j'ai dû quitter ma petite ville de province pour aller m'installer à Montréal. Par la suite, nos rapports ont toujours été froids et s'espaçaient d'année en *année. Je n'ai jamais pu leur présenter Yves. Je les visitais toujours seul, et à aucun moment, le sujet de ma vie amoureuse n'était abordé. Cependant, lorsqu'ils ont appris par ma sœur la maladie et la mort imminente d'Yves, ils m'ont soutenu. Ils me téléphonaient régulièrement et ils ont même assisté aux funérailles. J'étais à la fois très touché et en colère qu'il ait fallu la mort de quelqu'un pour qu'ils me reconnaissent tel que j'étais.*

Toute cette colère prenait tellement de place, me déstabilisait, me rendait coupable ! J'en oubliais Yves...

Ma première tentative d'explication auprès de mes parents a été désastreuse. Je les ai accusés et ils se sont fermés davantage. La situation était devenue intenable ; je n'y comprenais plus rien. Comment la mort d'Yves avait-elle pu m'amener là ? J'avais besoin de faire un grand ménage dans ma vie... d'y mettre de l'ordre. J'ai entrepris une thérapie avec une psychologue qui m'avait été référée par une amie.

CE QUE L'HISTOIRE DE LOUIS PEUT NOUS APPRENDRE

Louis a été fortement ébranlé par la mort d'Yves. Néanmoins, il est demeuré fonctionnel. Il a continué à occuper son emploi – certains jours très péniblement – mais son rendement était, selon ses dires, médiocre. Certains autres jours, Louis s'investissait totalement dans son travail, au point qu'il en oubliait tout le reste.

L'histoire de Louis illustre bien la phase de réorganisation, cette étape du deuil qui consiste à se désinvestir graduellement de la relation qui vient de s'éteindre, pour se tourner vers la réorganisation de toutes les dimensions de sa vie.

Six mois après le départ d'Yves, se sentant épuisé, Louis a pris deux semaines de vacances au bord de la mer en étant très conscient de laisser en suspens son travail de deuil. Ces vacances lui ont fait grand bien. Si bien qu'il a récidivé un peu plus tard et qu'il est parti afin de s'isoler.

> *Consciemment, j'ai mis ma vie en suspens et je me suis volontairement coupé de ma tristesse. Durant toute une fin de semaine, je suis resté au lit, enfoui sous une pile de couvertures, entouré de tous les coussins qu'il y avait dans la maison. Je me sentais en sécurité. Je suis ressorti de là plus calme et mieux en mesure de poursuivre mon deuil.*

Le travail de deuil et le détachement

Bien qu'il constitue le propre du travail de deuil, le détachement n'en demeure pas moins un concept psychologique complexe, difficile à comprendre intellectuellement.

La connaissance profonde du phénomène de détachement s'intègre par l'expérience et il est nullement besoin de comprendre son mécanisme pour ressentir, dans tout son être, l'apaisement qu'il apporte.

Réduit à sa plus simple explication, on peut dire que se détacher consiste à défaire les attaches émotives qui sont la cause de nos souffrances, à se départir de tout ce qui fait mal et qui se manifeste sous la forme d'émotions désagréables associées à la perte d'une personne significative. **Se détacher consiste donc à se départir de tout ce qui fait mal, c'est-à-dire à évacuer les émotions désagréables.**

> *Après le décès de Jacques, je prenais conscience jour après jour de tout ce que je perdais et de tout ce dont j'étais privée par son absence : nos habitudes de vie au quotidien, nos projets de retraite, mes besoins non comblés, mes attentes, mes espoirs, mes rêves, même mes illusions, bref tout ce que représentait pour moi cet homme, mon*

mari depuis 32 ans et le père de mes enfants ! Toutes ces émotions qui me taraudaient sans relâche. Quelle souffrance ! Il m'a fallu de longs mois pour évacuer ce grand chagrin et apprendre à vivre sans Jacques.

Carmen, 57 ans

Les sensations douloureuses (émotions : colère, tristesse, culpabilité...) sont des phénomènes naturels qui surgissent lors des prises de conscience de ce que l'on perd, de ce dont nous prive la mort d'un proche. Il est donc « normal » qu'il faille des mois, voire des années pour évacuer tout le chagrin et pour s'adapter à vivre sans l'autre.

Yan me manquait tellement ! Ennui, peine, colère, impuissance, injustice, tout se confondait dans une grande souffrance que j'allais évacuer en escaladant la montagne. Je criais, je pleurais, je frappais violemment le sol de mes pieds. C'était ma façon de m'apaiser un peu.

Élise, 32 ans

Je canalisais ma rage contre le conducteur ivre qui avait fauché ma fille dans la pratique intense de sports. Je me suis senti soulagé à l'annonce de sa condamnation à la prison, mais ma peine d'être privé de mon enfant était toujours aussi douloureuse.

Éric, 32 ans

Le travail de deuil implique que l'on s'ouvre aux émotions qui causent la souffrance, qu'on les accepte, qu'on les éprouve à fond, si douloureux soit le processus. Il n'existe aucun autre moyen de se détacher, de se libérer.

Tenter de nier sa souffrance ou de lui résister l'empêche de disparaître et même l'augmente. Comme l'affirme le dicton populaire : Une souffrance que l'on enferme fermente.

J'étais au cinéma lorsqu'est apparu, en gros plan, l'image d'un gros bébé joufflu. Sa ressemblance avec « mon bébé », décédé à l'âge de 11 mois, était troublante. J'ai été pris d'un tel vertige que j'ai dû quitter la salle. Je ne

pouvais croire que j'avais porté toute cette peine durant
plus de 20 ans pour protéger mon image d'homme fort.

Émile, 49 ans

Les blessures affectives non cicatrisées, subies au cours
de la vie avec le défunt : violence, rejet, conflits, mésenten-
tes, situations inachevées ou restées en suspens, regrets,
rancune, rancœurs, etc., ne s'évanouissent pas avec la mort
de l'autre. Bien au contraire, ces liens très puissants
demeurent et il est nécessaire d'en défaire les nœuds pour
se libérer de la souffrance émotive.

La vue de certaines photos en compagnie de Jeannine m'ont
mis dans un tel état ! J'ai tenté d'ignorer et de jeter aux
oubliettes les désagréables émotions qui surgissaient, mais
c'était peine perdue ; tenaces, elles me poursuivaient jusque
dans mes rêves. J'aurais tellement voulu que ces situations
n'entachent pas notre belle histoire d'amour. Je portais en
moi de la honte, de la colère, de la culpabilité et cela me faisait
terriblement mal. Plus j'essayais d'escamoter cette souf-
france, plus j'étais perturbé. Il m'aura fallu bien du temps et
des efforts à répétition, souvent à travers des torrents de
larmes, pour me libérer et ressentir enfin la paix intérieure.

Gaétan, 55 ans

La relation avec mon père a toujours été extrêmement
difficile. J'étais persuadé que sa mort mettrait fin à notre
triste histoire. Toute ma vie, je m'étais senti coupable de
le détester, mais loin de me libérer de cet énorme poids, sa
disparition m'a plongé dans un état de souffrance indicible.
J'ai dû apprendre à faire face à toutes ces émotions et ce
n'est qu'à la suite d'un très long travail personnel que j'ai
pu faire la paix avec cet homme violent et lui pardonner.

Victor, 44 ans

Je vous invite à revisiter la section « Les émotions et le
deuil » en deuxième partie de cet ouvrage, en page 71, et
de la relire à la lumière de ces quelques notions sur le
détachement.

Laisser être ce qui est

Laisser être ce qui est constitue le véritable sens à donner à l'expression « lâcher prise » tellement galvaudée.

Laisser être ce qui est est une pratique simple qui facilite le détachement et diminue la souffrance.

Au-delà des interprétations et des mots, je vous propose de découvrir concrètement ce sens par l'expérience de l'exercice qui suit.

Cet exercice remanié en fonction de mon propos et de notre culture occidentale est tiré des enseignements d'une grande tradition spirituelle orientale.

Pour m'aider à faire la traversée consciente de mon deuil...

Laisser être ce qui est

- Choisissez d'abord un objet qui peut tenir dans votre main et qui symbolise ce qui vous fait souffrir actuellement.

- Par exemple votre tristesse.

- Placez l'objet dans votre main ouverte, la paume tournée vers le haut.

- Prenez bien conscience de votre corps en respirant profondément à quelques reprises.

- Imaginez que c'est votre tristesse que vous tenez dans votre main.

- Fermez le poing pour ne pas la voir, pour la cacher, retenez-la bien afin qu'elle ne paraisse pas.

- En conscience, en gardant le poing fermé, tournez maintenant votre main, la paume vers le bas, retenez davantage votre tristesse en serrant toujours le poing plus fort.

- Serrez, serrez encore plus fort pour retenir la tristesse tout en prenant bien conscience de ce qui se passe au niveau de votre main, de votre bras qui fait mal, qui s'engourdit, qui s'ankylose.

- Accrochez-vous davantage à votre tristesse et serrez, serrez votre poing pour l'étouffer en ne lui laissant pas d'espace.

- Prenez conscience de la tension dans tout votre corps.

- Toute votre attention est centrée sur ce qui fait mal.

- Vous êtes dans la fermeture...

- Votre cœur est fermé...

- En conscience, en gardant le poing fermé qui retient votre tristesse, tournez maintenant la main la paume vers le haut.

- Desserrez lentement votre poing.

- Ouvrez doucement votre main.

- Que se passe-t-il ?

- Votre tristesse est toujours là. Elle a de l'espace pour être tristesse.

- Elle n'est plus emprisonnée. Elle est plus supportable.

- Prenez conscience que la tension a diminué dans tout votre corps.

- Vous êtes dans l'ouverture.

- Votre cœur est ouvert.

Reprenez l'exercice en procédant de la même façon chaque fois que vous serez tenté de repousser une émotion désagréable.

Vous pouvez expérimenter cet exercice avec un objet pointu qui symboliserait une blessure affective non cicatrisée ou une vieille rancune.

Laisser être ce qui est recèle une belle sagesse et sa pratique durant la traversée de votre deuil, et dans beaucoup de situations de votre vie, peut éviter bien des souffrances inutiles.

Tenter de prolonger l'histoire

Durant les premières semaines de leur deuil, alors que les sentiments de vide et d'absence sont parfois insoutenables, certaines personnes tentent de retenir le défunt ou s'y accrochent désespérément.

> *Les semaines qui ont suivi la mort de Robert, je lui répétais sans cesse : Je ne peux pas vivre sans toi ! Donne-moi des signes que tu es là ! Ne m'abandonne pas ! Accompagne-moi afin que je n'aie pas d'accidents, etc.*
>
> *Je lui attribuais le mérite du moindre événement du quotidien... Je m'enfonçais de plus en plus dans ma souffrance.*
>
> Carmen, 57 ans

Se détacher ne consiste ni à oublier le défunt ni à cesser de l'aimer, bien au contraire ; le détachement permet de se souvenir de lui de façon **juste** et **réaliste**.

Je vous propose de reprendre l'exercice *Laisser être ce qui est*, en procédant de la même façon avec un objet qui symbolise l'amour que vous portez à la personne défunte.

Prier ou non le défunt ?

En accord avec leurs convictions religieuses ou spirituelles, des personnes en deuil conservent des liens avec le défunt en lui demandant son aide, sa protection, en le priant. Ces situations étant tellement subtiles, il est possible qu'à votre insu, vous mainteniez des liens affectifs pouvant entraver votre travail de deuil. Questionnez-vous honnêtement : Est-ce que cette pratique m'aide à me détacher ? À moins souffrir ? Vous êtes la seule personne qui peut répondre à cette question…

Il est important de différencier la prière d'une commande ou d'un ordre que l'on donne. La prière ne comporte pas d'attentes précises, elle laisse place à l'ouverture et, en ce sens, ma prière comporte toujours la formule suivante : **Que le meilleur arrive !**

Certaines personnes doivent inventer des scénarios :

> *Après la mort de Luc, je demandais quotidiennement son aide. Je l'invoquais à tout propos et je me sentais protégée par lui. Lorsque j'ai dû céder notre condominium à rabais, après avoir attendu pendant dix-huit mois que Luc m'envoie un acheteur, je me suis mise en colère contre lui. Pourquoi me laissait-il tomber ? Par la suite, je me suis fabriqué mentalement de bonnes raisons pour l'excuser, par exemple : « Luc veut que j'apprenne à me débrouiller en affaires. » Mais, deux mois plus tard, lorsque notre fils aîné a divorcé malgré les prières que j'avais adressées à Luc afin qu'il protège ce mariage, je me suis retrouvée dans la confusion la plus totale.*

> *J'ai remis en question les pouvoirs que je lui attribuais en raison de sa supposée « sainteté ». C'est à ce moment que j'ai pris conscience que ma demande de protection m'avait servi de prétexte pour ne pas couper les liens avec Luc. Ces événements ont été déterminants dans la poursuite de mon deuil.*

D'autres peuvent se sentir trahies par le défunt :

À ma demande, depuis son décès, Émile protégeait notre maison. Un jour, en rentrant de mes courses, je constate que j'ai reçu la visite de cambrioleurs qui, en plus, ont jeté la photo d'Émile par terre. Je suis entrée dans une telle colère que j'ai brûlé sa photo. Je lui en ai voulu pendant plusieurs semaines de m'avoir trahie.

Rita, 55 ans

Certaines personnes sont confuses ou coincées :

Bien sûr, j'ai eu de la peine à la mort d'André, mais en reconstituant l'histoire de ma vie avec lui, j'ai pris conscience que notre relation était fichue depuis plusieurs années, ce que nous n'avions pas osé admettre ni l'un ni l'autre. Quelque six mois plus tard, mes proches n'arrêtaient pas de me répéter : « Prie-le, il va t'aider, toi et tes trois enfants. » C'était tellement confus dans ma tête : prier André et le retenir, alors que j'avais envie de rencontrer d'autres hommes...

Mélanie, 52 ans

À 43 ans, quand j'ai voulu refaire ma vie trois ans après le décès de ma femme, j'ai été longtemps aux prises avec l'image de Sonia. Depuis sa mort, je l'avais priée de me protéger, et voilà que je ne savais plus comment la quitter sans lui faire de peine. Je me sentais coupable d'être amoureux d'une autre femme..., j'étais mêlé dans mes sentiments.

Roger

Disposer des objets ayant appartenu au défunt

Les objets ayant appartenu au défunt prennent une importance particulière après la mort, car ils nous donnent l'impression de retenir une certaine forme de présence. Se défaire graduellement de ces biens fait partie du détachement. Conservez les choses qui sont significatives pour vous et demandez à vos proches ce qu'ils souhaitent recevoir en souvenir.

En agissant ainsi, vous pourrez faire graduellement la transition entre sa présence et l'absence de cet être. Évitez de considérer ces biens comme des objets de culte, ce qui perpétuerait l'illusion que l'autre vit encore avec vous.

> *Quand j'ai commencé à distribuer les objets ayant appartenu à Yves, j'ai été très étonné des choix que les personnes faisaient. J'ai respecté ces choix même si je trouvais très bizarre, par exemple, que son frère veuille avoir ses pantoufles, ou qu'un ami souhaite garder une vieille canne à pêche en souvenir. Pour moi, le plus beau souvenir qu'il me reste d'Yves est un stylo que je lui avais offert. Chaque fois que je l'utilise, ce stylo me remet en contact avec la période la plus riche de notre relation.*

> Louis,
> dont nous retrouvons l'histoire précédemment

Dans l'exercice de ma profession, j'ai pu aussi observer le contraire. En revenant des funérailles de son épouse Monique, Adrien a liquidé toutes les choses qui lui rappelaient sa conjointe. Il avait l'impression qu'en éliminant tout cela, il ferait aussi disparaître sa souffrance. Ça n'a pas été le cas.

Quelques mois plus tard, Adrien s'est retrouvé totalement désemparé, en proie à une sérieuse dépression. Il a alors pris conscience qu'il avait tout simplement masqué, maquillé sa peine et qu'elle refaisait surface. Il regrettait beaucoup d'avoir donné trop rapidement, à tort et à travers, des effets qu'il aurait maintenant souhaité avoir en sa possession et qui lui auraient rappelé les bons moments passés avec son épouse. Ses enfants lui ont aussi reproché d'avoir offert à des parents éloignés des objets qui étaient très significatifs pour eux. Sur mon conseil, Adrien s'est efforcé de récupérer certains de ces objets.

Je n'avais plus rien. Alors, j'ai demandé aux gens qui avaient des liens avec ma femme de me prêter leurs albums de photos et j'ai chargé un professionnel d'en faire un montage sur vidéocassette. Cela m'a été d'une grande aide pour raconter mon histoire.

Ne conservez pas les objets qui vous rappellent la maladie ou la souffrance de l'être décédé.

Je me suis défait de ces objets et j'ai brûlé tout ce qui pouvait me rappeler la longue maladie de Thérèse. Thérèse n'était pas le « cancer », et ce n'est pas cela que je voulais garder en mémoire. Il y a eu tellement de moments heureux entre nous.

Adrien, 52 ans

Régler les situations inachevées

On dit souvent : « La mort est arrivée trop vite. » On n'a pas pu lui dire, on n'a pas su dire ou faire.

Régler les situations inachevées est une étape capitale du processus de deuil, et je n'insisterai jamais trop sur ce point. Comment peut-on régler une situation avec une personne qui n'est plus ? Comment lui dire ou lui exprimer ce que l'on souhaiterait avoir dit ou avoir fait avant que cette personne ne meure ? Comment reprendre ce qu'on voudrait ne jamais avoir dit, ne jamais avoir fait ? Comment faire pour se libérer, se guérir et se préparer à faire la paix avec le défunt ?... En agissant comme si la personne était toujours vivante.

Vous pouvez lui parler dans votre cœur ou à voix haute en vous plaçant devant sa photo ; vous pouvez vous imaginer qu'elle est toujours présente ou vous pouvez lui écrire. Quel que soit votre choix, faites comme si la personne était toujours vivante. Agissez comme si elle pouvait vous voir, vous entendre et vous lire, et qu'elle vous laissait toute la place voulue pour vous exprimer pleinement, sans contrainte et sans risque.

> *Combien de fois ai-je dit à mon fils, devant sa photo : « Tu as été un amour d'adolescent, malgré nos disputes et nos désaccords. Je te le dis, je t'ai beaucoup aimé. »*

Élise, 44 ans

Conrad, 51 ans, a choisi d'écrire à sa conjointe :

> *Ma démarche a été très difficile. Maryse n'avait jamais rien su à propos de ma liaison avec une autre femme, mais moi je portais cela comme un lourd fardeau sur mon cœur. J'avais honte et je me sentais terriblement coupable. Une amie à qui je m'étais confié m'a dit : « Voyons, Conrad, ce qu'on ne sait pas ne nous fait pas de mal. » Mais c'est moi qui avais mal. Maryse était tellement bonne. J'ai dû reprendre ma lettre plusieurs fois. L'émotion était parfois si forte que je devais m'arrêter pour aller marcher. Le jour de l'anniversaire de Maryse, j'ai pris mon courage à deux mains et j'ai terminé ma lettre. Je suis ensuite allé au cimetière ; je me suis recueilli sur sa tombe et j'ai brûlé la lettre. Je regardais la fumée partir au vent et, au fur et à mesure que le papier se consumait, je sentais mon cœur devenir de plus en plus léger. C'est à compter de ce moment que j'ai senti que j'étais sur la voie de la guérison.*

Quant à Pauline, elle s'est adressée à Luc par le truchement de sa photo :

> *Regarde dans quelle situation tu m'as placée. Si c'était à refaire, tu ne m'empêcherais pas de retourner sur le marché du travail quand les enfants ont quitté la maison.*

> *J'avais honte par la suite,* raconte Pauline, *mais c'est une situation que j'avais sur le cœur depuis longtemps.*

Pour m'aider à faire la traversée consciente de mon deuil...

Je règle mes situations inachevées avec...

On ne peut être fidèle envers les autres que si on l'est envers soi-même.

Erich Fromm

Le fait de raconter votre histoire peut mettre en évidence des situations inachevées, restées en suspens, qui vous causent de l'inconfort.

Identifiez ces situations, s'il y a lieu, et notez-les. Donnez-vous du temps ; laissez s'exprimer les émotions que ces rappels peuvent susciter.

Lorsque vous vous sentirez prêt à le faire, « bouclez » ces situations de la façon qui vous convient.

Mes situations inachevées, restées en suspens :

_____

_____

_____

_____

_____

_____

_____

_____

_____

_____

_____

Les promesses impossibles à tenir

Peut-être avez-vous fait des promesses que vous avez été incapable de tenir – ou que vous n'avez pas voulu tenir –, notamment parce que des événements imprévus sont venus modifier les conditions dans lesquelles ces promesses avaient été faites. Il s'agit là de situations qui doivent elles aussi être réglées afin que vous puissiez en finir avec votre histoire, achever votre deuil.

> J'ai accompagné mon mari durant les dernières semaines de sa maladie et il m'a alors fait promettre de ne pas pleurer après sa mort. Lorsque je pleurais un peu quand j'étais sur le point d'étouffer, je me sentais très coupable. Je me retenais, mais je me sentais tellement mal. Finalement, j'ai pu en parler à une amie qui me soutenait. Elle m'a fait prendre conscience que c'était une promesse à ne pas tenir, sinon je courrais de grands risques pour ma santé physique et psychologique. Sur ses conseils, je me suis rendue au cimetière et je me suis adressée à mon défunt mari comme s'il avait été là. Je lui ai dit que si nous avions été conscients, lui et moi, de ce que signifiait concrètement l'expression « faire son deuil », cette promesse ne se serait jamais faite. J'ai beaucoup pleuré par la suite et je me suis sentie libérée. Plus jamais je ne me suis étouffée.

> Caroline, 37 ans

Des promesses faites dans certaines circonstances peuvent ne plus être adéquates ou n'avoir plus leur raison d'être une fois ces circonstances modifiées ou disparues. Si vous vivez une situation similaire, ne restez pas coincé entre l'engagement que vous avez pris et votre sentiment de culpabilité. Expliquez votre situation ; clarifiez et exprimez vos sentiments, jusqu'à ce que vous vous sentiez libéré intérieurement.

Le deuil qui ravive d'autres deuils

Le fait de raconter son histoire et de réorganiser sa vie peut faire resurgir d'autres deuils tout comme cela est arrivé à sœur Pascale. Il est fréquent qu'un choc de vie comme une maladie grave, une perte d'emploi, une mise à la retraite ou un deuil vienne raviver des deuils non résolus. Et l'inverse peut aussi se produire : un traumatisme subi dans l'enfance ou une autre perte qui n'a pas été pleurée peut refaire surface au moment d'un deuil profond.

L'histoire de Rose, 80 ans, que j'ai accompagnée après le décès de son mari, illustre bien cette situation. Cet après-midi-là, Rose m'attendait après avoir sorti d'avance ses albums de photos en vue de raconter l'histoire de son amour. À la deuxième page de l'album, Rose me montre une photo où on la voit enceinte. Spontanément, elle me parle de la mort de ses deux bébés, nés prématurément. Pendant plus de deux heures, Rose s'étend sur les circonstances ayant entouré les décès : ses silences, sa culpabilité, sa honte d'être en colère contre Dieu... Et Rose pleure. Lorsqu'elle me voit jeter un coup d'œil à l'horloge, elle prend conscience du temps qui s'est écoulé et s'écrie :

> *Je croyais ces histoires très loin, enterrées avec mes bébés. Je suis tellement soulagée d'avoir pu en parler, de les avoir pleurés...*

À la rencontre suivante, Rose se sentait prête à dire adieu à ses bébés, et je l'ai accompagnée dans un beau rituel. Elle a ensuite poursuivi le deuil de son mari.

L'histoire de Louis démontre que d'anciennes blessures affectives peuvent aussi revenir à la surface, qu'elles peuvent se raviver. Louis se trouvait à une période de sa vie où il était prêt à « faire le grand ménage », selon ses propres termes. Il avait alors les ressources nécessaires pour mettre de l'ordre dans sa vie.

« Ai-je besoin d'aide thérapeutique ? »

Un grand nombre de personnes traversent sainement leur deuil sans avoir besoin de recourir à des professionnels en relation d'aide. En général, c'est l'entourage ou un groupe d'entraide qui soutient l'endeuillé, à moins que celui-ci ne mette un point d'honneur à s'en sortir seul. Que vous soyez dans l'un ou l'autre cas, il est néanmoins possible que vous ayez besoin d'une aide thérapeutique pour terminer positivement votre deuil.

Quelques points de repère

Voici quelques points de repère qui vous guideront et vous aideront à déterminer si vous avez besoin d'aide.

Il serait souhaitable que vous consultiez si, plus d'un an après le décès de la personne significative :

- Vous êtes continuellement triste et sans énergie. Une tristesse permanente cache souvent une rage inconsciente.

- Vous vous montrez trop souvent intolérant, furieux, agressif, violent.

- Vous éprouvez de la culpabilité, vous la ruminez, vous vous sentez toujours responsable deux à trois ans après le décès.

  > J'aurais dû comprendre les signaux que m'envoyait ma fille. Il est inconcevable que je ne me sois pas rendu compte de ce qu'elle vivait,
  >
  > répète sans cesse Léona,
  > trois ans après le suicide de sa fille.

- Vous vous sentez victime des circonstances et vous ne parvenez pas à vous en sortir.

Si les médecins avaient fait leur travail correctement, Henriette serait encore vivante,

> dit Maurice, dont l'épouse est décédée trois ans plus tôt des suites d'une intervention chirurgicale jugée mineure au départ.

- Vous n'avez pas fait le deuil.

Quand Pierre est décédé accidentellement, je n'avais pas le choix. Il a fallu que je retrousse mes manches, avec trois enfants à faire vivre et à éduquer. En plus de poursuivre mon travail de secrétaire, j'ai suivi des cours pour obtenir des promotions et des augmentations de salaire. J'ai vite oublié Pierre.

Ma famille et ma belle-famille m'encourageaient et louaient ma force. Six ans après le décès de Pierre, j'ai rencontré Jacques, un homme fort intéressant. Pourtant, nous n'arrivions pas à établir une relation harmonieuse. J'étais bloquée. C'est à ce moment que j'ai compris que je n'avais jamais fait le deuil de Pierre.

Léonie, 42 ans

- Vos proches vous conseillent de consulter.

Je ne me rendais pas compte de mon état lamentable,

> raconte Éva, 70 ans, qui jouissait d'une très bonne santé auparavant.

Après la mort de mon mari, je me suis coupée de mes enfants. Je ne sortais plus, sauf lorsque c'était absolument nécessaire. Je ne pleurais même pas. Je restais des heures, hébétée, dans mon fauteuil. Lorsque ma sœur préférée, qui habite à Miami, est venue me rendre visite, elle m'a donné un choc lorsqu'elle m'a dit : « Es-tu en train de te laisser mourir ? Il y a tellement de gens qui ont besoin de toi. » J'ai su par la suite que ma sœur était venue à la demande expresse de mes enfants. Je me suis jointe à un groupe d'entraide, et l'expérience m'a été très bénéfique.

- Vous vous demandez si, oui ou non, vous devez consulter. Passez à l'action, car il vaut mieux consulter inutilement que de rester dans le doute.

Il est possible que vous n'ayez besoin que d'une aide temporaire, par exemple dans les périodes ou les étapes plus difficiles, ou encore de façon intermittente lorsque certaines difficultés apparaissent. Les situations de deuil plus complexes, comme dans les cas de suicide, d'accident ou de meurtre, peuvent requérir une aide s'échelonnant sur une plus longue période.

Si vous avez besoin d'être accompagné par un thérapeute, un psychologue, un travailleur social, un pasteur ou tout autre intervenant qualifié, assurez-vous de choisir la bonne personne. Il est important que vous vous sentiez en confiance, que ce soit sur le plan personnel ou sur celui de ses compétences. Avant d'entreprendre une démarche avec l'un ou l'autre de ces professionnels, consultez vos proches. Ils pourront vous fournir des références utiles pour faire votre choix.

Voici ce que dit Lise, 34 ans, en deuil de son père :

> J'ai été très étonnée lorsque Suzanne m'a expliqué que son bureau deviendrait un lieu privilégié pour exprimer ma peine, si je le souhaitais. Elle agirait comme un guide en me facilitant l'accès à mes émotions et à ma souffrance, à à mon rythme à moi. Je m'attendais au contraire, c'est-à-dire que ses compétences et son expérience me guideraient pour passer à côté de mon deuil. Ce ne fut pas le cas. Je trouvais ces séances tellement difficiles que j'ai tenté de fuir dans le travail à plusieurs reprises.

À certains moments, vous ressentirez peut-être la nécessité absolue de vous offrir du repos, de mettre, en quelque sorte, votre vie en suspens. Faites-le consciemment et reprenez ensuite votre travail de deuil.

VOTRE RÉSEAU DE SOUTIEN

L'état dans lequel vous place votre deuil peut rendre votre présence pénible pour les autres : vous ne vous reconnaissez plus, et les autres ne vous reconnaissent plus. Peut-être éprouvez-vous un grand besoin d'être seul, de vous retrouver vous-même, de « ramasser tous vos morceaux », selon l'expression populaire. Soyez vigilant afin de ne pas vous isoler trop longtemps.

> *J'étais très ambivalent entre mon besoin d'être seul et de couver ma peine, et celui de m'en extirper et de revenir à la vie. C'est souvent à coups d'efforts que je reprenais contact avec mes amis.*
>
> Louis

Votre famille et votre entourage peuvent vous soutenir, vous servir de témoins et vous recevoir dans des lieux privilégiés, surtout durant les premières semaines qui suivent le décès. Encore faut-il qu'ils montrent l'ouverture d'esprit voulue, qu'ils vous permettent d'exprimer vos émotions et qu'ils sachent les accueillir. Évitez pour le moment les personnes qui vous plaignent, qui vous envahissent, les gens « à problèmes » ou dépressifs. Vous avez besoin de toute votre énergie pour vous « rétablir ». Entourez-vous de personnes dynamiques, gaies, chaleureuses.

Lorsqu'un décès survient dans une famille, c'est tout le système familial qui est désorganisé. Il est alors important de prendre conscience qu'il n'y a pas une bonne façon de faire son deuil. Chacun des membres de la famille peut vivre cette épreuve différemment, et cela peut faire éclater au grand jour des tensions, des discordes ou de la jalousie qui couvaient.

Je n'aurais jamais pensé que la mort de papa aurait amené autant de querelles et de divisions pour de si maigres biens. Quelle désillusion !

Antoine, 50 ans

Dans d'autres cas, par contre, le deuil contribue à resserrer les liens entre les membres de la famille.

Depuis la mort de ma sœur, nous avons senti le besoin de resserrer les liens. Nous avons l'intention de créer des occasions pour nous réunir.

Thérèse, 69 ans

« Où sont passés les amis ? »

Ils étaient pourtant présents et réconfortants au salon funéraire, au moment des funérailles et durant les jours qui ont suivi. Mais, après quelques semaines, quand on a besoin de parler, on ne les voit plus. Où sont-ils donc passés, tous ces amis ? Voilà une question que se posent presque invariablement les endeuillés.

Robert s'est senti frustré. Chacune de ses tentatives pour parler du décès de son père, avec lequel il avait eu une relation conflictuelle, n'a pas été très bien accueillie. Ses amis ne trouvent guère autre chose à lui dire que des phrases comme : « Ne te laisse pas abattre, prends-toi en main. » ; « Tu es un gars fort, tu vas t'en sortir. » ; « Pense à autre chose ! Sors davantage ! Ça va te faire du bien. » ; « Tu ne peux rien y changer maintenant. Ton père est mort et enterré. Oublie-le. » ; et ainsi de suite.

Les amis de Robert se sont comportés comme une bonne majorité de personnes qui n'ont jamais traversé de deuils. Ils agissent ainsi parce qu'ils ne savent pas quoi dire ni quoi faire. Ils ne sont pas à l'aise dans cette situation. Et, ils ne savent pas non plus que si Robert pouvait partager son chagrin et exprimer ses émotions, il pourrait plus facilement accéder à la « guérison ».

Ils ont peut-être peur d'être déstabilisés par la souffrance de Robert ; ils ne sont sans doute pas conscients que le deuil de l'autre, à la façon d'un miroir, leur renvoie l'image de leurs propres deuils non résolus. Lorsqu'on a peur, il est très difficile d'écouter et il ne reste que très peu de place pour la compassion...

Un deuil, ça prend beaucoup de temps à se faire, particulièrement lorsque les relations étaient très tendues avec le défunt, comme c'est le cas de Robert. Ses amis ne savent pas qu'un deuil profond prend toute la place, alors qu'eux, ils sont revenus très vite à leurs préoccupations quotidiennes.

Il arrive aussi que les amis craignent que l'état dans lequel se trouve l'endeuillé n'empire et que son désespoir ne se prolonge s'il en parle constamment. Ce qu'ils ignorent, c'est que, pour l'endeuillé, il est important de parler, car cela l'aide à libérer ce qu'il ressent.

En définitive, les amis sont souvent présents. Seulement, ils manquent d'information ; ils n'ont pas été « éduqués » au deuil – même s'ils ont déjà perdu eux-mêmes une personne significative. Ces situations sont si courantes qu'elles comptent parmi les raisons qui sont à l'origine de ce livre : informer, éduquer, faire comprendre le deuil, autant pour soutenir l'endeuillé lui-même que pour donner des outils à ceux qui veulent l'accompagner.

Vous devez cependant faire votre part pour que des membres de votre entourage immédiat ou de votre réseau social viennent à vous. Beaucoup d'aidants naturels n'osent offrir leurs services, de peur de ne pas être à la hauteur ou de déranger. J'ai souvent entendu des gens m'expliquer à quel point ils avaient été touchés par la demande d'aide d'une personne en deuil.

Osez demander : de garder les enfants, de vous accompagner à l'épicerie, de faire des courses pour vous, de remplir des formulaires, de vous rendre visite, de vous téléphoner et ainsi de suite. Osez demander.

Parfois, c'est différent

> *Je ne sais pas comment j'aurais pu passer à travers cette épreuve si je n'avais pas été soutenue et aidée par les membres du groupe d'aînés de ma paroisse. Ils ont été très respectueux envers moi. Mais personne ne m'a envahie. Plusieurs d'entre eux me téléphonaient régulièrement. Ils arrivaient parfois à l'improviste avec un plat préparé à l'avance. J'ai trouvé une confidente parmi ces personnes, une véritable « grande oreille », comme Suzanne les appelle : une dame qui était passée par là et qui s'en était bien sortie. Les étrangers sont quelquefois préférables à nos enfants dans certaines situations. Ils ne sont pas pris dans leur peine, ce qui les rend capables de nous écouter.*
>
> Évelyne, 70 ans

Si vous avez perdu un conjoint, vos proches vous inciteront peut-être à refaire votre vie le plus rapidement possible. Vous vous éviterez bien des déceptions en investissant plutôt dans des relations d'amitié et de tendresse. Terminez votre deuil avant de vous lancer dans de nouvelles conquêtes, avant de chercher un partenaire sexuel.

> *J'avais tellement besoin de contact physique que je demandais à mon copain Carlos de me prendre dans ses bras et de m'étreindre. Ça me faisait beaucoup de bien.*
>
> Christine, 32 ans

Comment traverser les fêtes et les anniversaires ?

Les anniversaires de naissance ou de mariage, les jours de fête – Noël, le premier de l'An, Pâques – sont des étapes particulièrement difficiles à traverser, surtout durant la première année qui suit le décès. Leur imminence génère souvent de l'angoisse chez la personne en deuil, notamment parce que ces moments clefs de l'année lui rappellent douloureusement l'absence d'un être qui a marqué fortement sa vie. Violette, 41 ans, dont la mère est décédée en juillet, en témoigne :

> *Lorsque nous avons été conscientes, mes sœurs et moi, que, pour la première fois de notre vie, maman ne serait pas là pour Noël, nous avons paniqué. Nous n'en parlions qu'à mots couverts, et c'était très pénible. Nous avons cependant convenu de nous réunir quand même. La rencontre de famille a été terne et très tendue. Personne n'osait mentionner l'absence de maman, et nous faisions tous semblant. Quand je suis rentrée à la maison, j'ai éclaté en sanglots. Quelle tristesse pour un jour de Noël !*

> *Après avoir réfléchi, j'ai décidé d'agir autrement pour la période de Pâques. J'ai sorti la plus belle photo de maman et j'ai allumé une chandelle devant cette photo avant de passer à table. J'ai demandé aux membres de ma famille, incluant papa, de se recueillir pour penser à maman pendant quelques minutes. Je peux vous dire qu'il y avait beaucoup de malaise et d'émotions. L'un de mes frères a même tenté de court-circuiter l'exercice en faisant des farces déplacées. Je l'ai ramené très doucement à l'ordre. Ensuite, nous avons parlé des bons moments vécus avec maman. Mon mari a alors fait remarquer que maman aurait bien voulu que l'on prenne un verre de vin en souvenir d'elle. Tout le monde a acquiescé, et le repas s'est déroulé dans la joie, dans la Vie.*

Plus tard, lorsque l'anniversaire de papa est arrivé, le premier qu'il vivait sans maman depuis 42 ans, j'ai passé la matinée avec lui. Nous avons sorti l'album de photos et ces photos nous ont permis d'évoquer de beaux épisodes de leur histoire d'amour. Papa m'a remerciée à plusieurs reprises durant les semaines qui ont suivi. Je lui ai dit à quel point cette matinée avait été importante pour moi, car ces moments m'avaient rapprochée de lui.

Quand arrive un anniversaire, il est important de ne pas faire comme avant, comme si c'était pareil, comme s'il n'y avait pas de peine, comme si on ne s'ennuyait pas. Au contraire, les anniversaires sont des étapes charnières dans le processus de deuil ; ils peuvent être utilisés pour progresser. Tout comme l'a fait Violette, vous pouvez profiter de ces occasions pour vous rappeler le défunt, pour libérer les émotions reliées à sa mort et pour mieux jouir de la vie par la suite. Ne faites pas semblant, toutefois, car c'est une source de souffrance. Et n'agissez pas non plus de façon à entretenir volontairement la peine et la tristesse, particulièrement la journée qui marque un anniversaire. Ce serait malsain.

Si l'idée de vivre un anniversaire ou une fête dans la solitude fait naître de l'appréhension en vous, si cela vous semble trop douloureux, demandez à des amis de vous téléphoner ce jour-là ou de vous soutenir en pensée. Vous pouvez aussi inviter ou visiter des proches avec lesquels vous vous sentez bien. Si, au contraire, c'est le fait de participer à une réunion regroupant la famille ou les amis qui vous paraît difficile, prenez consciemment des moyens pour exprimer votre peine ; vous pourrez passer ensuite à la joie, à la vie.

Lorsque je décidais de participer à une partie, j'allais auparavant au columbarium où se trouvent les cendres d'Yves et je me recueillais ; parfois je pleurais. Et je pouvais ensuite passer à la fête, raconte Louis.

Votre réseau peut se transformer

Le deuil transforme la personne qui le vit ; il n'est pas rare que de l'autre côté du deuil, le réseau social se soit lui aussi transformé. Des gens, des amis, des couples qui faisaient partie de votre vie à cause de votre relation avec le défunt, mais avec lesquels vous ne vous sentez plus très bien, peuvent disparaître de votre réseau social. Cela est particulièrement vrai pour les couples d'amis : c'étaient des amis de l'autre plutôt que ceux de l'endeuillé.

Le deuil peut entraîner une modification de votre statut social et de vos rôles, de telle sorte que vos valeurs et vos priorités seront différentes et ne correspondront plus nécessairement à celles des personnes qui vous entouraient jusque-là. Cela vous donnera peut-être l'occasion de rencontrer des gens nouveaux ou de renforcer les liens qui vous unissaient à certaines personnes. Et c'est très bien ainsi, car la vie est un perpétuel recommencement.

Pour m'aider à faire la traversée consciente de mon deuil...

Mon réseau de soutien

Les relations sont sûrement le miroir dans lequel on se découvre soi-même.

Krishnamurti

Parmi les membres de ma famille, mes amis, mes collègues de travail, mes voisins, mes connaissances, les membres des associations ou des regroupements auxquels j'appartiens, il y a des personnes sur qui je peux compter pour me soutenir dans la traversée de mon deuil. Ce sont : _____

_____

_____

_____

Dessinez un cœur sur une grande feuille de papier, inscrivez à l'intérieur, par ordre d'importance de la relation, le nom des personnes de votre réseau de soutien. Ajoutez ensuite leur qualité principale ou la raison pour laquelle vous êtes bien avec chacune d'elles. Après réflexion, encerclez le nom de celles qui peuvent vous servir de « grande oreille ».

Je place ma feuille bien en vue sur mon frigo et j'ai inscrit les numéros de téléphone des personnes que je peux appeler si je me sens trop seule.

Viviane

Signes que vous êtes sur la bonne voie

Lorsque votre travail de deuil progresse, une énergie intérieure, souvent à peine perceptible, s'active pour réparer tout votre être. Ce travail obscur s'effectue même durant les périodes où vous avez l'impression que rien ne bouge.

Cependant, on peut dire que vous êtes sur la bonne voie lorsque vous prenez conscience que :

• Vous pleurez sur « vous » et non sur la personne qui n'est plus.

> Lorsque j'ai pleinement réalisé que je « pleurais sur moi », sur ma situation de veuve, j'ai compris qu'il y avait seulement moi qui pouvais prendre ma vie en main et aller jusqu'au bout de mon deuil.
>
> Antoinette, 61 ans

• Vous modifiez la perspective de votre vie.

> Gilles me manque beaucoup mais plutôt que de pleurnicher sur mon sort, je manifeste ma gratitude envers la vie d'avoir eu la chance d'être avec lui pendant 36 ans.
>
> Aline, 67 ans

• Ce que vous croyiez impossible quelques mois auparavant est en train de s'accomplir. Vous avez le profond sentiment d'être au seuil de quelque chose de nouveau et vous ressentez un regain d'énergie.

> Mes journées ne me pèsent plus comme avant. Au contraire, je me sens enthousiaste au travail et je ne suis plus abattu quand je rentre à la maison. Je prépare mes repas avec beaucoup de soin.
>
> Gérard, 51 ans

- Vous retrouvez votre équilibre.

> *Il m'arrive encore de vivre de la tristesse et de me sentir désemparée, mais c'est de moins en moins fréquent et ça ne persiste plus comme avant.*
>
> Denyse, 61 ans

- Vos prises de décision sont de plus en plus fermes.

> *Contrairement au début de mon deuil, où je me référais toujours à d'autres pour décider, j'aime prendre mes décisions moi-même et je sais où je m'en vais.*
>
> Michel, 57 ans

- Vous ébauchez des projets d'avenir en secret, parfois.

> *J'ai décidé de déménager (en secret). Je cherche un appartement plus petit, mais je n'en ai pas encore parlé à mes enfants. J'ai peur qu'ils croient que ce soit trop tôt et trop exigeant. Moi, ça me stimule.*
>
> Georgette, 64 ans

- Vous êtes plus disponible et plus ouvert aux autres.

> *Durant les quelques mois qui ont suivi la mort de Lise, mon deuil prenait toute la place dans ma vie. J'avais l'impression qu'il n'y avait que moi au monde qui vivais une telle souffrance. Maintenant, je suis plus attentif à mon entourage et à ceux qui vivent des situations difficiles.*
>
> Hubert, 54 ans

- Vous disposez de ressources parfois insoupçonnées pour assumer vos pertes.

> *Je suis étonnée moi-même de voir à quel point j'ai appris à me débrouiller sans mon mari. Je suis fière de moi chaque fois que je me retrouve dans une situation où je me dépasse. Je trouve cela difficile parfois, comme lorsque j'ai dû me rendre seule au garage, ou demander l'aide d'un voisin pour un problème de chauffage.*
>
> Claire, 49 ans

- Toutes les habitudes, tous les réflexes que vous aviez acquis au cours de votre relation avec l'autre se dissolvent avec le temps.

> *Les premiers dimanches qui ont suivi le décès de maman, l'appel téléphonique qui ne venait pas me mettait dans tous mes états. Je n'aurais jamais cru possible qu'arrive un moment où j'accepterais que ce ne soit plus jamais pareil et surtout que je me sente bien là-dedans.*
>
> Florence, 26 ans, fille unique

> *Lorsque je rentre à la maison après mon travail, je ne sens plus le vide comme avant. Je n'attends plus que Denyse vienne m'accueillir. J'ai pris d'autres habitudes. Je prépare mon souper au son de ma musique préférée. Je me sens bien même si je pense à la façon dont ça se passait avant.*
>
> Robert, 52 ans

> *Les premiers temps, quand je faisais mon épicerie, je pensais à Paul qui aimait tel ou tel aliment. Parfois même, j'en achetais pour lui sans m'en rendre compte. Même s'il*

me manque encore, je fais de plus en plus de choses en fonction de moi et j'accepte que ce ne soit plus pareil.

Yvonne, 66 ans

- Vous avez de plus en plus d'emprise sur votre vie – vous vous la réappropriez graduellement.

SE RÉAPPROPRIER SA VIE

L'histoire d'Édouard

Édouard est devenu veuf à l'âge de 78 ans, après 54 ans de mariage avec Berthe. Il s'est écoulé deux ans entre le décès de Berthe et le moment où il a accepté de raconter son histoire pour les besoins de ce livre.

Quand Berthe est morte, je me suis senti soulagé. Je me suis dit : « Enfin, elle a fini de souffrir. » Et moi, je n'avais plus à passer toutes mes journées à l'hôpital.

Mais lorsque mes enfants sont retournés au travail, je me suis retrouvé seul. Il y avait un grand vide dans la maison et en dedans de moi. Il me manquait toujours quelque chose. C'était comme si on m'avait amputé de la moitié de moi-même.

C'est bien parce que le bon Dieu n'a pas voulu de moi ! Je lui ai demandé tant de fois de venir me chercher. Je l'ai demandé à Berthe aussi. Je voulais aller la retrouver. J'étais tellement désemparé..., moi qui n'avais jamais fait à manger !

Par chance, j'ai de bons enfants. Ils m'ont montré à faire la cuisine et le ménage. J'ai dû marcher sur mon orgueil pour accepter qu'ils m'aident. Ce n'était pas dans mes habitudes. J'étais toujours surpris quand ils me téléphonaient. Avant, c'est toujours Berthe qui me donnait de leurs nouvelles.

Je n'aurais jamais pensé parler comme ça avec mes gar-çons et mes filles. Je n'aurais jamais pensé non plus être capable d'accepter que des étrangères viennent m'aider. Suzanne et une bénévole venaient jaser toutes les semai-nes. Ça me faisait du bien de « sortir » des affaires dont je n'avais jamais parlé.

Un jour, la bénévole qui me rendait visite m'a amené rencontrer un groupe de gens de mon âge. Depuis, je vais au centre tous les mardis et je fais de petites réparations quand ils en ont besoin. Ça leur rend service. Avec le groupe, je suis allé faire un petit voyage d'une journée. C'était la première fois en 56 ans que je partais seul : on sortait toujours ensemble, Berthe et moi.

Il y a des fois où je m'ennuie. C'est le soir et les fins de semaine que c'est le pire. Il m'arrive aussi de pleurer, moi qui n'avais jamais pleuré auparavant.

Là, je me suis fait une amie. On se téléphone et des fois elle vient jouer aux cartes avec moi. Pas question de rem-placer ma Berthe, par exemple !

CE QUE L'HISTOIRE D'ÉDOUARD PEUT NOUS APPRENDRE

L'histoire d'Édouard aurait été très différente s'il l'avait racontée un an auparavant, car il a alors vécu une période de dépression majeure. En plus de se retrouver seul, il a été forcé de vendre sa maison parce qu'il n'était plus capable de l'entretenir.

Cette vente lui a fait vivre énormément de colère et de culpabilité, étant donné que, quelques années auparavant, Berthe avait insisté pour qu'ils se départissent de cette maison dont elle ne pouvait plus assumer l'entretien. Édouard avait été ferme : « C'est ici, dans la maison que j'ai bâtie, que je veux finir mes jours. » Des mois durant, Édouard a remâché ces mots : « Si j'avais vendu cette maison-là avant, Berthe serait encore en vie aujourd'hui. »

Édouard a bénéficié d'un réseau de soutien exceptionnel. Ses enfants se sont relayés pour l'aider, lui apprendre à cuisiner, le recevoir chez eux durant les fins de semaine. Des belles-sœurs venaient aussi le voir régulièrement. Son fils, prêtre, lui a apporté un grand réconfort spirituel. « Je n'en reviens pas, constate Édouard. Jacques comprenait que j'en veuille au bon Dieu et que je sacre... »

Deux ans après le décès de Berthe, Édouard a « repris ses esprits », pour reprendre sa propre expression. Désormais plus dégagé émotivement, il a fait son bilan à sa façon. Il a pris conscience de ses ressources, ce qu'il exprime par les mots « Je n'aurais jamais pensé... »

Avec le temps, Édouard a retrouvé son estime de soi. Pour l'aider en ce sens, je lui posais des questions telles que : « Qu'est-ce que Berthe aimait de vous ? »

> Je faisais des blagues, j'étais toujours de bonne humeur, j'étais un bon travailleur et, à part ça, je devais être un « pas pire » mari [lire : « pas pire » amant].

Se redécouvrir et redevenir soi-même

La souffrance, notamment lors de la traversée d'un deuil, peut nous rapprocher de notre véritable identité. Plusieurs personnes font alors de véritables découvertes sur elles-mêmes. Elles sont étonnées des ressources, insoupçonnées jusque-là, qu'elles ont déployées pour reprendre la maîtrise de leur vie. Édouard s'exprimait ainsi :

On a traversé des coups durs, Berthe et moi, mais c'est le premier que je traverse tout seul.

Plusieurs personnes arrivent à vivre de façon très gratifiante après un deuil, mettant à profit leurs talents et leurs capacités, souvent après avoir vécu dans l'ombre de l'autre.

C'était tellement inhabituel de mener ma barque toute seule que je me sentais presque obligée de faire semblant de trouver la situation difficile. C'était le contraire que je ressentais. Je me sentais en possession de tous mes moyens, ce qui n'avait jamais été le cas. J'étais débordante d'énergie et d'enthousiasme,

raconte Claire qui, à 46 ans, dirige seule l'entreprise laissée par son mari. Elle a même racheté les parts de son associé.

Cependant, il n'en est pas toujours ainsi, entre autres pour les personnes qui vivaient une relation de dépendance avec un partenaire ou un parent.

Deux ans après le décès de Luc, j'ai rencontré une amie que j'avais perdue de vue depuis notre mariage. Colette me parle de sa relation avec son conjoint et ses enfants, de son retour aux études, de son travail, de son engagement social, etc. Je suis en admiration devant elle. Lorsqu'elle me demande de lui parler de moi, je lui explique le travail de Luc, ce que je faisais pour lui, nos voyages, nos enfants et le grand vide que sa mort a laissé. Lorsqu'elle me lance : « Et toi là-dedans ? », c'est le choc. Je me mets à pleurer, prenant réellement conscience que Luc avait été ma seule raison de vivre pendant trente ans et que, sans lui, je n'étais rien. Il m'a fallu des mois avant de reconnaître que j'étais dépendante de Luc, que toute ma valorisation passait par Luc.

Dans des cas comme celui de Pauline, le deuil peut être très difficile et demander beaucoup de temps, puisque l'endeuillé a à faire une démarche pour retrouver son identité et pour devenir autonome. Je ne saurais trop insister sur la nécessité de demander une aide professionnelle pour se réapproprier sa vie.

Plusieurs personnes seront tentées de remplacer le plus rapidement possible la personne significative. D'ailleurs, elles sont très souvent encouragées en ce sens par leur entourage. Leur deuil n'en sera pas terminé pour autant... Lorsqu'il s'agit d'une personne âgée qui perd un conjoint dont elle était dépendante, elle peut à son tour devenir dépendante de ses enfants.

La durée d'un deuil

La durée d'un deuil est soumise à plusieurs facteurs et varie d'une personne à l'autre ; il est donc impossible de définir une durée dite « normale ».

La première année qui suit le décès est, la plupart du temps, très éprouvante pour les endeuillés ; les saisons, l'une après l'autre, rappellent le poids de l'absence lors des activités qu'on avait l'habitude d'accomplir avec le défunt (la cueillette des fraises, les vacances estivales, la rentrée scolaire, par exemple). La célébration des grandes fêtes, Noël, Pâques, fête des Mères, des Pères, les différents anniversaires sont souvent vécus dans la tristesse, et à la fin de ce premier cycle annuel, plusieurs endeuillés entrevoient l'achèvement de leur deuil.

Cependant, il faudra beaucoup plus de temps pour traverser un deuil difficile.

Il m'a fallu plus de trois ans avant de retrouver le goût de vivre après le suicide de mon adolescent de 17 ans.

Dorothée, 38 ans

Certaines personnes peuvent finir leur deuil au bout de quelques semaines ou quelques mois après le décès.

J'ai eu de la peine à la mort de mon frère, mais elle s'est estompée durant les semaines qui ont suivi son décès accidentel. Je l'aimais bien même si nous n'avions rien en commun et que nos rencontres étaient très occasionnelles. De dix-huit ans mon aîné, j'étais très jeune lorsqu'il a quitté la maison, me laissant très peu de souvenirs.

Daniel, 43 ans

Bien que, de façon générale, les auteurs situent la durée moyenne du deuil entre 18 et 24 mois, il n'en reste pas moins que chaque deuil est unique et que l'endeuillé doit respecter son propre rythme.

Quand peut-on penser qu'un deuil s'achève ?

Il est impossible de situer de façon précise la frontière entre « être en deuil » et « avoir terminé son deuil ». Toutefois, certains indices peuvent être révélateurs à ce sujet. Vous pouvez considérer que votre deuil s'achève lorsque :

- Vous êtes capable de vous remémorer avec **réalisme** et **justesse** votre relation avec la personne disparue.

- Ces souvenirs ne vous affectent pas et ne bouleversent pas votre vie présente, même si vous éprouvez encore quelques regrets.

Il n'y a que vous qui pouvez savoir intimement lorsque votre deuil s'achève.

Trois ans et demi après le décès de Berthe, Édouard a épousé son « amie ».

Je n'ai pas oublié Berthe. Je n'aurais jamais pensé que je pourrais arriver à parler de mes souvenirs sans avoir de peine. Au contraire, quand j'en parle avec mes enfants, ça me fait tout chaud en dedans. Je prie pour elle, pour qu'elle soit heureuse. Elle était têtue et autoritaire, mais c'était une si bonne personne.

Si on le considère du point de vue psychologique et sociologique, le deuil s'achève avec l'étape de la réappropriation de sa vie. La personne s'est adaptée à une façon différente de vivre, sans la présence de l'autre ; elle maîtrise les différents aspects de cette nouvelle existence. L'expérience de la traversée d'un deuil lui a donné de la maturité et l'a préparée à mieux faire face aux inévitables autres pertes de la vie.

Pour d'autres personnes, l'expérience sera transcendée dans une démarche de transformation, de guérison.

Le deuil différé ou retardé

Lorsqu'un décès survient dans une famille, il arrive que l'un des membres peut vouloir retarder son deuil afin de sauvegarder l'équilibre familial et favoriser la réorganisation à tous les niveaux. Il pourra – ou plutôt, il devra – entreprendre son cheminement quand les autres auront retrouvé plus de stabilité. C'est ce que nous appelons un deuil différé, reporté ou retardé.

La mort subite de papa a déstabilisé toute la famille. Ma mère, mes sœurs et mon frère étaient complètement désorganisés. J'étais très conscient que je refoulais ma peine, mais je savais que tous comptaient sur moi pour faire les arrangements funéraires et régler tous les aspects légaux. Quelques mois plus tard, quand la plupart de mes proches ont eu repris leur aplomb, je me suis laissé aller à mon chagrin.

Bertrand, 29 ans

Pour m'aider à faire la traversée consciente de mon deuil...

Bilan de mon expérience de deuil

Apprenez à mesurer que vous avancez
Apprenez d'instant en instant
Restez éveillé

Krishnamurti

Mon expérience de deuil m'a fait découvrir que je ____

_____

_____

_____

Je suis fier de _____

_____

_____

_____

Ce qui est important pour moi, c'est _____

_____

_____

_____

CINQUIÈME PARTIE

LES DEUILS DIFFICILES

Si la nuit tu regrettes le soleil, tu ne verras pas les étoiles.

R. Tagore

L'histoire d'Hélène

Hélène, 64 ans, dont la fille unique, Viviane, est morte du cancer à l'âge de 42 ans, nous raconte son histoire bouleversante :

Quand mon mari m'a quittée, Viviane avait quatre ans. Elle est devenue ma raison de vivre et je n'accepterai jamais que les médecins aient arrêté les traitements. Peut-être que s'ils avaient fait une dernière tentative, comme je l'ai demandé, Viviane serait encore vivante.

C'est vraiment une injustice que la vie m'a faite, en m'enlevant ce que j'avais de plus précieux au monde : « ma fille ». J'ai gardé toutes ses affaires, et personne ne va m'empêcher de prolonger sa présence de cette façon. Quand j'ai trop de peine, je me réfugie dans sa chambre et je lui demande de veiller sur moi. Je sais qu'elle me voit et qu'elle m'entend. Parfois, je lui demande de venir me chercher...

Lorsqu'on me suggère de défaire sa chambre, je me sens encore plus meurtrie. C'est au-dessus de mes forces, je ne peux absolument pas... Mon cœur ne veut pas... ne peut pas.

CE QUE L'HISTOIRE D'HÉLÈNE PEUT NOUS APPRENDRE

Malgré l'espoir que j'ai voulu transmettre par mes propos tout au long de ce livre, je suis très consciente que le deuil n'est pas toujours une expérience de croissance et que son issue n'est pas nécessairement positive. L'histoire d'Hélène nous le démontre bien. Il y a maintenant plus de trois ans que Viviane est décédée, et Hélène n'arrive toujours pas à émerger du profond désespoir dans lequel elle a sombré. Bien qu'elle ait recours à des soins médicaux et à de l'aide psychologique, son état de santé s'est grandement détérioré depuis la mort de sa fille. Il faut souligner qu'il y a ici en cause plusieurs facteurs qu'il ne convient pas d'évoquer dans le cadre de cet ouvrage.

Le deuil d'Hélène finira-t-il un jour ? Je ne le sais pas, mais j'éprouve beaucoup de compassion devant une pareille souffrance...

Comme c'est le cas d'Hélène, certaines manifestations nous indiquent qu'un deuil se complique, par exemple lorsqu'on continue à entretenir une relation avec le défunt, qu'on le garde présent, qu'on le fait vivre et qu'on refuse de le laisser partir.

> *Je mets toujours le couvert de Germaine à table et je bavarde avec elle. Je me sens moins seul ainsi.*
>
> Gérard, 66 ans

Il en est de même pour l'attachement démesuré aux objets ayant appartenu au défunt et dont on fait des objets de culte.

> *J'ai laissé la robe de chambre d'Éva accrochée dans la salle de bains pour conserver son odeur, et je m'y arrête à tout moment.*
>
> Clément, 47 ans

Certains deuils risquent de ne jamais se terminer, et les réactions de chagrin ne feront que se prolonger et s'intensifier. Des symptômes de dépressions à répétition, d'anxiété, de colère se manifesteront et s'exprimeront sous la forme de grands sentiments de culpabilité. Les personnes aux prises avec un deuil chronique auront peut-être besoin de s'isoler socialement, et elles peuvent souffrir d'agoraphobie, ou encore de symptômes psychosomatiques associés à l'alcoolisme ou à la surconsommation de médicaments.

DIVERSES SITUATIONS QUI PEUVENT RENDRE UN DEUIL DIFFICILE

Le deuil de son enfant...

Perdre un enfant va à l'encontre du déroulement normal de la vie et un tel événement est toujours très douloureux pour les parents. La traversée du deuil s'avère alors particulièrement difficile, quel que soit l'âge de l'enfant.

> *J'avais tellement de peine et, en plus, je me sentais coupable d'être en vie. C'était moi, à 77 ans, qui aurait dû mourir et non pas ma fille de 56 ans...*
>
> Armande

Bien que le processus du deuil d'un enfant soit le même que celui des autres deuils, on y retrouve certaines particularités. On peut notamment observer que les réactions sont amplifiées et plus persistantes.

> *Après les funérailles de Nathalie, je restais de longues journées totalement immobile comme dans un autre monde, c'était la seule façon de me couper de cette douleur*

insupportable et de ne pas devenir folle. Il m'a fallu plusieurs semaines pour émerger graduellement de cet état de prostration.

Liliane, 55 ans, dont la fille
est décédée accidentellement

Lorsque j'ai vu les adolescents monter dans l'autobus au début de l'année scolaire, alors que David aurait eu l'âge d'être parmi eux, ce fut comme un coup de poignard au cœur. J'ai tellement pleuré et j'avais tellement peur d'un retour dans cette insoutenable souffrance que j'avais vécue sept ans auparavant !... Heureusement, quelques jours plus tard, j'avais retrouvé mon équilibre.

Lisette, 41 ans

J'ai vécu le deuil de mes parents et de trois de mes frères mais je crois que tous ces chagrins réunis ne peuvent se comparer à l'immensité du chagrin vécu lors du décès accidentel de Brigitte alors qu'elle n'avait que 21 ans.

Robert, 70 ans

Perdre un enfant comporte aussi la perte des attentes, des espoirs, des rêves...

Je menais une vie équilibrée et bien organisée. Cela faisait 22 ans que mon fils était mort et je croyais mon deuil terminé à jamais... Au moment de prendre ma retraite et de passer le flambeau de mon entreprise à des plus jeunes, j'ai ressenti un manque inexprimable, une peine profonde qui me faisait mal au niveau de la poitrine. J'ai vraiment réalisé alors à quel point j'aurais souhaité que ce soit Renaud qui poursuive mon œuvre. J'ai dû à nouveau consulter un psychologue.

Édouard, 64 ans

Plusieurs années après le décès de Brigitte, j'ai fondu en sanglots au moment d'offrir mes vœux à une nouvelle mariée du même âge que ma fille. Je ne vivrai jamais le bonheur d'assister à son mariage...

Réjane, 69 ans

Les endeuillés perdent aussi leur rôle de parents.

Lorsque ma fille Catherine est décédée de façon tragique, j'ai été tellement blessée par des propos tenus par des personnes de son milieu de travail, avec lesquelles elle avait tissé des liens que je qualifierais de « paternels » ou « maternels ». Lorsque ces personnes disaient, par exemple : « J'ai l'impression de perdre ma fille. » ou « C'est comme si c'était ma fille. », j'avais le sentiment profond qu'elles s'appropriaient les liens privilégiés que j'avais avec ma si merveilleuse fille. C'était injuste et très frustrant de prétendre souffrir autant que moi... Cela fait maintenant six ans que Catherine est morte et quand j'ai de la peine en entendant, par exemple, une chanson que je lui chantais lorsqu'elle était petite, je pense à ces personnes avec une certaine amertume en me demandant si elles éprouvent encore du chagrin, si elles ont oublié Catherine.

Françoise, 58 ans

Lorsque je vois mon voisin apprendre à faire de la bicyclette à sa fille ou la prendre dans ses bras pour l'encourager quand elle se fait mal en tombant, je deviens inconsolable à la pensée que j'avais rêvé ces gestes avec Camille.

Daniel, 32 ans

Les parents ont l'impression d'avoir perdu une partie d'eux-mêmes.

J'ai eu tellement de douleurs au ventre après la mort de Frédéric, des douleurs similaires à celles ressenties lors de mon accouchement.

Annie, 37 ans

Je me reconnaissais en Brigitte, elle possédait plusieurs de mes qualités et certains de mes travers.

Robert, 70 ans

Le père et la mère ne vivent pas le deuil de la même façon. Ce sont deux personnes distinctes et chacune avait une relation différente avec l'enfant.

Des études montrent que les pères et les mères réagissent différemment à la mort de leur enfant. Les réactions émotives des pères afficheraient davantage de colère, d'agressivité, et ils seraient peu enclins à demander du soutien. On a observé chez les mères des réactions plus teintées de dépression et des tendances à l'isolement ; par contre, elles auraient recours plus facilement à des sources d'aide.

Les mêmes études soutiennent que ces différences peuvent engendrer de l'incompréhension entre les parents et que le taux de divorce serait plus élevé chez les couples ayant perdu un enfant.

Indépendamment de ces études, il est important, comme pour tout type de deuil, de respecter les différences et le rythme de chacun.

> *Je ne comprenais pas pourquoi René refusait de parler de Rémi. J'étais furieuse contre lui lorsque, prétextant ne pas avoir besoin d'aide, il s'obstinait à ne pas m'accompagner aux rencontres de groupes de parole. J'ai été très surprise et réconfortée à la fois lorsque, tout à fait par hasard, j'ai appris qu'il parlait de la mort de notre fils avec un compagnon de golf.*
>
> Martine, 47 ans

Malgré le caractère insoutenable de l'épreuve, la plupart des parents parviennent à reprendre goût à la vie et trouvent que pour eux c'est la meilleure façon de rendre hommage à leur enfant décédé...

> *À la mort de Karim, mon unique fils, j'ai été entourée et soutenue de façon exceptionnelle. Après une longue démarche thérapeutique, je sais que mon deuil est terminé,*

même si à l'occasion j'éprouve encore de la peine, à Noël par exemple ou le jour de son anniversaire. Sa mort me privera toujours du rôle de grand-mère. Ma façon à moi de transformer cette perte et de rendre hommage à mon fils consiste à « adopter spirituellement » les jeunes enfants de mon entourage en leur donnant toute l'affection et la tendresse dont je suis capable.

Éliane, 53 ans

Le deuil lorsqu'un proche s'est enlevé la vie...[1]

Le deuil consécutif à un suicide est différent des autres deuils, car le défunt s'est volontairement enlevé la vie et il se peut que l'entourage se sente impliqué dans sa mort. Plusieurs auteurs et professionnels estiment que le deuil consécutif au suicide est l'un des plus difficiles et des plus douloureux qui soit. Une écrasante culpabilité et l'autoaccusation constituent la trame de fond de la traversée du deuil, et ces sentiments oppressants peuvent persister longtemps, provoquant chez certaines personnes des états dépressifs.

Le soutien dont bénéficie l'endeuillé, sa capacité et la possibilité qui lui est offerte de parler du suicide et des difficultés inhérentes à son deuil sont des facteurs déterminants quant à l'intensité et la gestion des réactions, ainsi qu'à la possibilité de mener son deuil à terme.

Les phases de choc et le déni

Le suicide est perpétré parfois de façon violente et peut provoquer des réactions et des chocs plus intenses – tels que sensation d'irréalité, état de prostration, insomnies, céphalées, perte d'appétit, etc. – que lorsqu'il s'agit d'un

---

[1]   Réf. : Séguin, M., et L. Fréchette. *Le deuil une souffrance à comprendre pour mieux intervenir*, Montréal, Les éditions Logiques, 1995, p. 113 à 126.

autre type de décès. Plus ce choc est important et traumatisant, plus il contribue à augmenter le niveau d'incompréhension et de culpabilité chez les endeuillés.

Lorsque le suicide s'est produit dans un contexte traumatique, il arrive que certaines personnes soient envahies par des images de mort violente, qu'elles aient vu le corps ou qu'elles imaginent la scène.

Afin d'éviter les risques de répercussions sérieuses sur la santé physique et psychologique, l'aide d'un spécialiste du syndrome post-traumatique s'impose pour permettre l'expression et l'évacuation de ces images d'horreur et des souvenirs qui pourraient y être associés. Les endeuillés peuvent par la suite arriver à penser au défunt, tel qu'il était de son vivant, et à revoir les images qui s'y rattachent. Sans cette étape, la poursuite du deuil s'avère impossible.

Incapable d'accepter le décès, la façon dont il s'est produit et de s'adapter à cette réalité, l'endeuillé a alors recours au déni pour se protéger et faire face à l'angoisse qui le submerge.

Ce déni peut se manifester sous diverses formes. Certains peuvent ne pas reconnaître et paralyser en quelque sorte leurs émotions et leur douleur et tenter de continuer à vivre comme si cette mort n'avait rien changé à leur vie. D'autres veulent croire que le décès était accidentel. Des endeuillés idéalisent à outrance le défunt et son histoire et tiennent uniquement des propos comme ceux de cette mère dont le fils s'est suicidé :

> *Paul était le fils parfait, tellement bon et doux ; jamais il n'aurait fait de mal à qui que ce soit. Il ne pouvait plus vivre dans une société comme la nôtre.*

Par contre, inversement, d'autres personnes tiendront uniquement des propos qui déprécient la personne décédée, tel ce père :

> *Loulou avait tellement mauvais caractère et si peu d'ambition qu'elle n'aurait jamais rien fait de bon dans la vie.*

Il arrive même que l'on tente d'idéaliser le suicide en le percevant comme un geste noble :

> *Enfin, son entourage comprend la gravité de l'homophobie. Gilles ne se sera pas suicidé pour rien...*

Je rappelle que toutes ces réactions sont saines, nécessaires, même au début du deuil ; elles constituent une protection pour l'équilibre de l'endeuillé. Cependant, si elles s'intensifient ou se prolongent indûment, il y a lieu de craindre que le deuil ne devienne complexe. Il est possible que les endeuillés y aient recours à l'occasion, lors de situations particulièrement difficiles ou angoissantes, par exemple, et ce tout au long du processus de deuil.

Pourquoi ?

Après un suicide, les endeuillés ont un besoin frénétique de savoir, de comprendre. Ils se lancent dans une quête du **Pourquoi**. Souvent, leur enquête s'amorce par la recherche d'une personne qui pourrait être coupable, comme le copain, par exemple, qui a mis fin à une liaison amoureuse, les amis qui l'ont entraîné à boire, le patron qui l'a rétrogradé, etc. Ils peuvent en vouloir à la personne qu'ils tiennent pour responsable. Ils cherchent une cause comme un échec scolaire ou professionnel, un problème de santé mentale, etc.

Pourquoi n'ont-ils pas compris ou vu les signes ? S'il y a lieu, ils décortiquent les mots, les phrases contenus dans des messages laissés par le défunt et leur attribuent des significations symboliques. Ils scrutent le passé du défunt, l'analysent, le réanalysent, interprètent, réinterprètent des mots, des gestes, recherchent des indices, tentent de cerner le pourquoi parfois jusqu'à l'épuisement. Ils enquêtent, visitent les lieux où le suicide s'est produit. Certains vont consulter des médiums ou des diseurs de bonne aventure ou tentent d'entrer en contact par *chanelling* avec le défunt, etc. (Le charlatanisme foisonne dans cet univers et une mise en garde s'impose parce que de telles pratiques risquent davantage de perturber les endeuillés que de les rassurer.)

Certains endeuillés poursuivent leurs recherches jusqu'à ce qu'ils aient réussi à retenir une explication qui les satisfassent. D'autres, au terme d'une longue interrogation, arrivent à la conclusion qu'ils n'auront jamais de véritable réponse puisque le défunt l'a emportée avec lui. Effectivement, en mourant, tous les humains emportent leur mystère avec eux et, lorsqu'il s'agit d'une personne morte à la suite d'un suicide, elle emporte parfois les véritables réponses au **pourquoi**, laissant l'entourage avec un grand sentiment d'impuissance.

Cette quête du **pourquoi** est l'une des tâches les plus importantes du travail de deuil, elle est nécessaire même. Elle permet aux endeuillés de se libérer graduellement de leur culpabilité et de se distancer de leur crainte d'avoir pu contribuer d'une quelconque façon au suicide de l'autre.

Pourquoi ? Les témoignages recueillis auprès des personnes qui ont survécu à la tentative de suicide sont similaires à celui de cette femme qui a été sauvée in extremis de la mort. Je l'ai accompagnée à la suite de sa tentative de suicide et lui ai posé la question : **Pourquoi ?**

> *Je ne pensais pas à me donner la mort mais plutôt à stopper ma souffrance. Je ne voyais aucune issue possible afin que s'arrête cette douleur intolérable, cette souffrance indescriptible, insupportable.*

Si et j'aurais dû...

Plus que tout autre, le deuil consécutif à un suicide comporte les **si** : si j'avais su, si j'avais dit, si j'avais fait cela et les **j'aurais dû** : j'aurais dû voir sa détresse, j'aurais dû comprendre lorsqu'il a dit..., j'aurais dû lui prêter ma voiture, j'aurais dû ne pas répondre à ses remarques, etc. Les endeuillés voudraient refaire leur histoire, en changer le cours..., surtout si des conflits existaient ou sont restés en suspens.

> *C'était comme une cassette qui rejouait constamment et que je ne pouvais arrêter. Accompagnée par un thérapeute, j'ai appris à y intercaler des messages très réalistes qui me situaient dans d'autres espaces de mon histoire avec mon mari, des messages tels que : j'ai prouvé à Jacques que l'aimais lorsque... J'ai vécu de bons moments avec Jacques, par exemple lorsqu'il... J'ai réagi avec le meilleur de moi-même à ce moment-là...*

Les « si » et les « j'aurais dû » sont en fait l'expression de la culpabilité et de l'autoaccusation et amènent l'endeuillé à se questionner sur la relation qu'il avait avec le défunt. Ces interrogations peuvent induire le sentiment de responsabilité dans la décision du suicide. De là peut découler une sérieuse remise en question : Est-ce que j'étais un bon père, une bonne conjointe ou le meilleur ami que je croyais être ? L'image et l'estime de soi risquent alors de s'altérer.

La colère et la honte

La culpabilité, l'autoaccusation, la colère, la honte s'entrechoquent, se confondent.

> *Nous nous étions engagés ensemble dans ce projet et ce salaud m'a trahie en me laissant avec tous les problèmes. Je suis en colère contre lui et en même temps je m'en veux de ne pas avoir décelé ses signes...*

La colère contre la personne qui s'est suicidée peut être intense et, se sentant coupable d'en vouloir à une personne qui souffrait tant, l'endeuillé peut tenter de la camoufler et de la projeter vers d'autres personnes.

> *Je peux comprendre la souffrance de Jocelyne pour avoir agi de la sorte en me laissant seul avec deux enfants sur les bras, mais son médecin, cet imbécile, qui ne lui a pas prescrit de médicaments, j'aime mieux ne pas le croiser dans la rue, je ne répondrais pas de mes actes...*

La honte est un important sentiment associé au deuil après suicide.

Pour certaines personnes âgées et ceux qui ont eu une éducation morale et religieuse stricte, le suicide est encore considéré comme un geste socialement répréhensible. On comprend alors leur sentiment de honte, de gêne, de peur du regard des autres, du jugement. Certaines personnes iront jusqu'à se retirer socialement.

> *Je n'osais même plus aller faire mes courses ; j'avais tellement peur de croiser mes voisines, c'était invivable. J'ai déménagé dans un autre quartier.*

Pour d'autres, c'est la honte de voir s'écrouler l'image de la belle famille, du couple modèle, du professionnel compétent...

> *Je longeais les murs pour éviter de croiser mes collègues de travail. Je ne pouvais pas admettre que moi, l'infirmière en psychiatrie, je n'avais pu déceler la détresse de mon propre père.*

Certains iront jusqu'à taire le suicide à l'entourage. Des personnes sont mises au courant de la situation tandis que d'autres ne le sont pas ou ne le sont que partiellement. Les relations avec le réseau social sont alors difficiles et totalement faussées.

> *Comment aurais-je pu avouer à mes compagnes de travail que mon mari s'était suicidé alors que nous étions toujours cités comme un couple modèle ? Par contre, j'ai été obligée d'informer mon patron ; la situation est rapidement devenue totalement invivable.*

Absence ou peu de soutien social

Le suicide provoque souvent des réactions émotives et de détresse qui mettent mal à l'aise les proches. Ne sachant pas quoi dire, quoi faire ou par crainte de blesser, certains individus peuvent choisir de ne pas parler du suicide ou encore d'éviter l'endeuillé. Ce dernier peut interpréter cette fuite comme un blâme, une accusation ou un rejet. Déçu de cette attitude et ne sachant plus à qui faire confiance, il aura tendance à s'isoler.

Par contre, d'autres personnes en deuil ne font pas appel à l'entourage pour demander du soutien ou refusent l'aide proposée, pensant que les proches ne sont pas aptes ou ne peuvent comprendre ce qu'elles vivent. En se refermant sur elles-mêmes, elles augmentent leur souffrance et deviennent de plus en plus vulnérables aux états dépressifs importants.

Que faut-il dire aux enfants ?

Même si le deuil des enfants n'est pas traité dans le cadre de cet ouvrage, je tiens à répondre à la question qui m'est si souvent posée : Que faut-il dire aux enfants ?

Pour tous les deuils, incluant celui consécutif à un suicide, il n'est pas sain de cacher aux enfants ce qui s'est réellement produit. Les enfants ont besoin d'être mis au courant du décès et des circonstances en même temps que les autres membres de la famille. On sait que les enfants qui savent la vérité font mieux face à leur deuil.

Tôt ou tard, ou ailleurs, ils apprendront la vérité… Ils pourront alors réagir très négativement envers ceux qui leur ont menti, soi-disant pour les protéger. Les enfants risquent alors de perdre confiance en ces adultes qui sont probablement pour eux des personnes très significatives.

Utilisez des mots simples, justes et à leur portée pour expliquer ce qui s'est passé. Répondez avec franchise à toutes leurs questions sans passer sous silence les circonstances de la mort, en cas de suicide. Expliquez-leur qu'en se donnant la mort, la personne a voulu résoudre ses problèmes ou encore qu'elle ne pouvait plus supporter de souffrir. Veillez à ce que vos propos soient évidents à leurs yeux : personne n'est responsable de la mort et même s'il est fréquent de se sentir coupable de ne pas avoir pu empêcher le geste, cela a été la décision de la personne.

Il est important cependant de mentionner tout de suite aux enfants qu'on peut avoir d'autres choix face à des problèmes ou une très grande souffrance. S'il est vital que les enfants sachent la vérité, il est tout aussi important qu'ils comprennent que le suicide n'est pas la réponse face à de graves difficultés ou de grandes souffrances.

Au passage, vous pouvez mentionner aux enfants que, bien sûr, la personne les aimait, mais que, par son geste, elle a surtout voulu mettre fin à ses souffrances.

Il est aussi important de leur dire qu'il est normal pour eux et pour les proches d'avoir de la peine et de vivre toutes sortes d'émotions dans de telles circonstances.

Rassurez-les en leur disant que vous prendrez soin d'eux et serez toujours disponible lorsqu'ils ressentiront de la peine ou qu'ils auront besoin de parler de la personne décédée.

Pour vous qui êtes en deuil d'un proche
qui s'est enlevé la vie

Le chemin du deuil après un suicide est long, et rares sont les panneaux indicateurs sur le parcours. Il sera nécessaire que vous fassiez des pauses à certains moments pour reprendre votre souffle...

Il y a, quelque part, un proche, un frère, une sœur, un ami, un voisin, un collègue de travail, un groupe de soutien, des professionnels ou des bénévoles qui peuvent vous accompagner à un moment ou à un autre en faisant un bout de ce chemin avec vous ; ainsi, vous risquerez moins de vous y perdre.

Dire l'indicible...

Dire votre souffrance à votre façon et en votre temps :

pour avoir un témoin, une « grande oreille » qui écoute sans forcément comprendre ;

pour saisir une main peut-être timidement tendue pour vous secourir ;

pour capter un geste ou un regard plein de tendresse ;

pour entendre, peu importe si c'est à voix basse, *Je suis là* ;

pour vous sentir vivant et être reconnu comme tel...

Dire le suicide pour éviter le mensonge, le doute, le malaise, le secret si lourd qui parfois se transmet de génération en génération ;

pour apprendre à ne pas porter toute la responsabilité d'un geste qui ne vous appartient pas.

Dire votre souffrance et dire le suicide pour participer au lever du tabou et permettre ainsi à de plus en plus de personnes d'ouvrir leurs bras et leur cœur à ceux dont l'incompréhensible geste constitue la seule issue à leur détresse et à ceux qui restent aux prises avec une immense douleur.

Raconter l'histoire que vous avez vécue avec la personne qui n'est plus, afin que cette histoire soit entendue dans tout ce qu'elle a comporté de vie et qu'elle ne reste pas figée dans les événements entourant sa mort.

Quelques autres situations

Pour les besoins de cet ouvrage, je n'énumérerai que quelques-unes des autres situations et circonstances susceptibles d'entraîner un deuil difficile :

Lorsqu'il y a mort violente à la suite d'un assassinat ou d'un drame familial.

Lorsque l'incertitude persiste quant aux circonstances du décès, par exemple : si les corps n'ont pas été retrouvés après une noyade, une disparition, un kidnapping, s'il s'agit de pertes multiples consécutives à un incendie, une catastrophe collective, un tremblement de terre, etc.

Certains autres deuils doivent être vécus dans la solitude et le secret soit parce qu'ils n'ont pas été ratifiés socialement, soit parce que la relation est restée secrète, comme dans le cas du décès d'un amant.

> *Le décès subit d'André, à 47 ans, a jeté la consternation parmi nous, mais personne ne se doutait que nous entretenions une relation depuis quatre ans. Craignant de ne pas pouvoir contenir mon chagrin et de me faire ainsi remarquer, je n'ai pas voulu aller au salon funéraire. Je me suis plutôt offerte pour garder le bureau durant les funérailles. J'ai dû me déclarer malade les jours qui ont suivi le décès tellement j'étais atteinte. Je n'avais*

personne pour me soutenir, personne à qui parler. J'ai dû
quitter mon emploi quelques mois plus tard, la situation
étant devenue insoutenable.

Gaby, 39 ans, secrétaire

Je suis malheureusement trop souvent témoin de deuils
qui se compliquent parce que les dernières volontés du
défunt sont confuses, complexes ou inexistantes, ou encore
parce qu'elles ne correspondent plus à la réalité présente.
Des endeuillés perturbés par le chagrin doivent en outre se
débattre avec des conflits familiaux ou des problèmes
d'ordre légal.

Ça faisait quinze ans que nous vivions ensemble lorsque
Bernard est décédé accidentellement. Malgré les recher-
ches effectuées, on n'a retrouvé aucun testament autre
que celui qu'il avait rédigé lorsqu'il faisait vie commune
avec son ex-épouse, et qui désignait cette dernière comme
légataire universelle. Je me débats depuis un an à travers
tout un tas de procédures judiciaires dont je ne sais tou-
jours pas quelle sera l'issue. Parfois, j'en veux énormé-
ment à Bernard pour sa négligence.

Micheline, 49 ans

Comme je le fais avec les personnes que j'accompagne,
je veux vous inciter à exprimer clairement vos volontés,
à faire votre testament et à informer des personnes de
confiance de son existence. De tels gestes sont une preuve
d'amour pour vos proches.

Il arrive aussi que certains deuils se prolongent parce
que l'endeuillé y trouve divers avantages, sans s'en rendre
compte. C'est ce qui s'est produit pour Marie, une autre
femme que j'ai accompagnée.

Marie avait 69 ans quand son mari est décédé. Toute sa
vie, elle avait été généreuse, ne vivant que pour son mari,
ses enfants et ses petits-enfants. Depuis qu'elle est veuve,

sa vie a basculé. Son entourage la traite avec tous les égards et, pour la première fois, elle est devenue le centre d'attraction de la famille.

> *Je n'avais jamais connu cela. Je me sentais tellement aimée ! C'était la première fois qu'on me dorlotait ainsi. Deux ans après le décès d'Émile, j'ai pris conscience que je ne voulais pas vivre comme cela. J'ai réagi fortement, à la grande surprise de mes enfants. Il nous a été difficile de faire la part des choses...*

Deuil absent ou inhibé

Lorsque aucune manifestation ou expression émotive ne vient ponctuer la mort d'un être significatif, lorsque le deuil est absent ou inhibé, il entraîne généralement une réaction qui se déclenchera parfois longtemps après le décès, soit lors d'un autre décès, soit lors d'un événement associé d'une quelconque façon à ce décès. Je me souviens du récit d'une dame très âgée que j'ai accompagnée en fin de vie, qui m'a particulièrement touchée. Cette dame pleurait la perte d'une grand-mère survenue quatre-vingts ans auparavant, alors qu'elle n'avait que douze ans. À cette époque, sa mère lui avait ordonné d'oublier sa grand-mère le plus rapidement possible. L'exercice de ma profession foisonne d'exemples similaires.

L'épilogue de ce livre, intitulé « Adieu, petit frère, je t'aime », est aussi profondément révélateur à ce sujet.

Je ne saurais encore une fois trop insister auprès des personnes aux prises avec un deuil difficile de consulter un professionnel en relation d'aide, psychologue, travailleur social, psychiatre ou autre personne compétente.

Certains indices sont associés à un deuil non résolu.

Indices d'un deuil non résolu

Il existe un certain nombre d'indices d'un deuil non résolu et nous les énumérons ci-dessous.

1. La personne qui est en deuil depuis un certain temps déjà manifeste toujours de vives réactions lorsqu'elle parle du défunt.

2. Le même genre de réactions se manifestent à la suite d'événements relativement mineurs.

3. Plusieurs mois après le décès, l'endeuillé se sent toujours incapable de se départir des objets ayant appartenu au défunt. Dans les cas extrêmes, il procède à sa momification et constitue un musée intouchable à partir de ses possessions et de ses photos.

4. Il a « canonisé » le défunt en lui attribuant toutes les qualités et ne tolère pas qu'on laisse entendre qu'il avait des défauts.

5. Il manifeste des symptômes analogues à ceux dont souffrait le défunt.

6. Il a fait des changements radicaux et rapides dans sa vie, ou il a complètement rompu avec les personnes, les lieux ou les activités associés au défunt.

7. Son histoire est marquée par des états dépressifs à répétition ou, au contraire, le décès l'a plongé dans un état euphorique.

8. Chaque année, à la même période, il passe par des états dépressifs qu'il ne connaissait pas avant le décès.

9. Il a une phobie de la maladie qui a emporté le défunt (par exemple, le cancer) ou à l'endroit de la mort et des réalités qui lui sont associées : salons funéraires, cimetières...

La présence temporaire de l'un ou l'autre de ces indices ne doit pas nous amener à conclure à la présence d'un deuil compliqué. Les gens ne vivent pas tous leur processus de deuil de la même façon. C'est seulement lorsque des symptômes évidents persistent pendant plus d'un an ou deux qu'il faut avancer l'hypothèse d'un deuil compliqué.

Ceci rejoint l'opinion d'une vingtaine d'intervenants (infirmières et psychologues), interrogés par Demi et Miles (1987), selon lesquels ce n'est pas tant la nature du symptôme qui doit déterminer s'il s'agit d'un deuil compliqué ou pas mais la persistance de ces symptômes plusieurs années après le décès. C'est donc dans cette perspective que les indices présentés plus haut doivent être utilisés.

Source : Lazarre, A., 1979, *Unresolved Grief*,
tiré de *Psychologie du mourir et du deuil*, p. 216-217
Hétu, Jean-Luc, Les Éditions du Méridien, 1989.

SIXIÈME PARTIE

LA TRANSFORMATION ET LA GUÉRISON

*Persister sincèrement dans son effort
jusqu'à ce que l'on réussisse complètement
est la seule chose indispensable.
Tant qu'il y aura une sincérité intérieure
la Grâce divine sera là et elle vous aidera
à tout moment sur la route.*

Sri Aurobindo

La transformation et la guérison

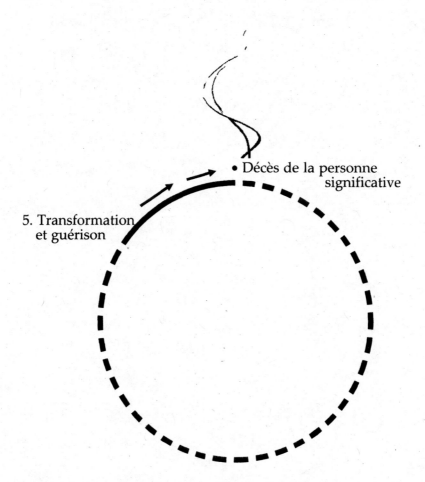

La transformation, le pardon, la libération, la guérison, l'ouverture à la vie.

L'expérience se greffe au cycle de la vie.

L'histoire de Charles

J'ai rencontré Charles il y a plus de trois ans à l'occasion d'un séminaire. Depuis ce temps, notre amitié n'a cessé d'évoluer dans l'authenticité et la tendresse. À ma demande, Charles a accepté de faire exceptionnellement ce retour en arrière sur son histoire. Il travaille très fort pour apprendre à lâcher prise par rapport à son passé, pour vivre davantage au présent. Je n'ai retenu que l'essentiel de son riche et émouvant récit.

Il me reste une autre semaine de vacances dans cette île paradisiaque du Sud. Vendredi, sept heures du matin, la voix de ma sœur au bout du fil : notre mère est morte ; les funérailles auront lieu en après-midi ; il y a des places sur le vol de dimanche.

En déposant le récepteur, je me sens comme un somnambule. Je me dis que j'ai fait un mauvais rêve et que je vais me réveiller.

C'est en rentrant à la maison que tout bascule. Je suis envahi par une rage sourde, et mes pensées se mettent à tourbillonner : « Non, je ne veux pas être présent aux funérailles de celle qui m'a jeté à la porte il y a deux ans... Faire semblant que j'ai de la peine, jamais ! Même morte, elle contrôle ma vie. »

Je rumine toutes ces pensées jusqu'à la visite au salon, une heure avant les funérailles. Je me tiens « correct », comme m'ont demandé de le faire ma sœur et mes frères.

Je me sens comme un élastique tendu, le cœur bien « emmuré » pour ne rien ressentir, ne rien laisser transparaître. Seules les remarques au sujet de notre ressemblance physique filtrent à travers mon mur. Je souris béatement sans rien dire. Je ne suis pas capable de parler, j'ai envie de vomir.

Je m'en sors apparemment bien les premiers mois qui ont suivi le décès. L'achat d'une nouvelle voiture avec ma part d'héritage me comble : un vieux rêve réalisé... Puis, je deviens de plus en plus irritable. Mes nuits sont agitées. Je redouble d'ardeur au travail et je sors beaucoup pour me distraire.

Huit mois après la mort de maman, ma conjointe me quitte. C'est le désastre. Le mur que j'avais érigé autour de mon cœur craque, s'effondre. Je suis en lambeaux ; toute ma vie extérieure et intérieure est en pièces détachées. Je n'arrive plus à exécuter mes tâches, je dois quitter mon travail.

Ma colère est d'abord dirigée contre mon ex-conjointe qui ne m'a pas compris, qui est trop exigeante, etc. Mes jours, mes nuits sont de plus en plus hantés par le souvenir de cette mère autoritaire, dure, sans cœur. Je la déteste.

Plus de répit. Ma rage refait constamment surface. J'ai honte, j'ai peur, je suis coupable de l'avoir tant fait pleurer. C'est la confusion totale. « Pardon, maman, pour les dernières paroles que je t'ai adressées. »

Ah ! Mais tu les méritais. Et c'est la ronde infernale : colère, rage, culpabilité, honte, regrets, ressentiment, ambivalence, impuissance...

Sur les conseils du seul ami avec lequel j'avais gardé le contact, je fuis cet enfer. Croyant peut-être exorciser ainsi mon tourment, je vends la voiture achetée avec l'argent de l'héritage et je pars en voyage.

Durant dix mois, je vis dans une tout autre réalité. Je côtoie aussi bien la pauvreté et la misère que la bonté et la charité. Je me laisse toucher ; cela m'apaise.

Puis, le « mouton noir » rentre au bercail avec sa toute nouvelle vision de la vie. J'ai l'impression d'avoir vieilli de dix ans. Je renoue avec ma sœur et mes frères, et l'accueil réservé au « bébé de la famille » me réconforte. Nos rapports se vivent dorénavant à un niveau d'adulte, et j'en éprouve une grande fierté.

Les perceptions qu'ils ont de leur enfance et de leur adolescence sont très différentes des miennes.

Je prends conscience que j'ai évacué des épisodes heureux de ma vie, les anniversaires, les fêtes de fin d'année, les vacances au chalet de mon grand-père maternel, les rires, les chants, les jeux. Quelle dissonance avec ce que je me plais à me rappeler : les punitions, les reproches, la clef dans le cou, les horaires fixes, nos chicanes qui finissent inévitablement dans les larmes ! Je deviens très confus dans mes souvenirs.

L'image de ma mère-bourreau change au gré de mes évocations. À l'occasion, elle prend la forme de mère-courage. À la mort de papa, elle a élevé seule quatre enfants en bas âge, avec des revenus modestes. Quel défi ! J'avais à peine quatre ans quand papa est décédé accidentellement.

Que de sacrifices elle s'est imposés pour nous permettre de fréquenter le collège privé ! Avec le recul des ans, je me rends compte que sa colère était justifiée lorsque, à 16 ans, j'ai tout abandonné sans préavis pour prendre la clef des champs...

C'est à partir de ce moment que nos véritables conflits ont commencé. Je quittais la maison et j'y revenais au gré de mes caprices, ne voulant rien entendre, rien discuter...

Seuls les regards foudroyants qu'elle me lançait m'étaient insupportables...

Ils étaient, je le ressens aujourd'hui, beaucoup plus char-gés de souffrance que de haine. Lorsque ma mère, en proie à une grave dépression, m'a foutu à la porte, elle a choisi « sa vie » peut-être pour la première fois depuis que papa était mort. J'avais 22 ans.

À mesure que je reconstitue mon histoire avec ma mère, les monstres intérieurs s'estompent, les siens comme les miens. Cependant, je cherche toujours les pièces man-quantes au casse-tête de ma vie. Maman est morte depuis quatre ans...

CE QUE L'HISTOIRE DE CHARLES PEUT NOUS APPRENDRE

Il s'est donc écoulé plus de sept ans entre le moment où la mère de Charles est décédée et le moment où il est parvenu au véritable pardon. Il a vécu entre-temps des épisodes difficiles, particulièrement lorsque, après une autre rupture amoureuse, il est retombé dans l'enfer de la drogue. Selon ses propres dires, c'est à la suite de sa cure de désintoxication qu'il a commencé à se transformer en profondeur.

J'ai accepté de percer la toile de ma souffrance et d'aller au fond des choses. Je suis arrivé à considérer mes blessu-res affectives selon une véritable perspective de guérison. Mes valeurs ont changé, et mes amis aussi. Je ne trouve plus aucun intérêt aux bars ni aux réunions mondaines. On me dit même « pépère ». J'ai beaucoup travaillé à resserrer les liens familiaux, et nous avons retrouvé notre sens de la fête.

Mon attrait pour les jolies choses, pour les beaux vête-
ments persiste mais pour des raisons tout à fait différen-
tes. J'ai moins besoin que l'on me remarque à travers
eux.

Le véritable pardon

Dans un processus de deuil, c'est le pardon qui permet
l'accès véritable à l'héritage spirituel. **Tel un alchimiste, le**
pardon possède le pouvoir de changer en liens spirituels
les liens affectifs que l'on entretenait avec la personne
décédée. C'est ce qu'on appelle la guérison de l'âme. Le
pardon libère une puissante énergie que l'on peut ensuite
investir de manière à donner tout son sens à la transformation qui s'est opérée tout au long du processus de
deuil.

Le pardon, c'est l'acceptation profonde de son histoire
avec la personne disparue, c'est l'abandon de l'espoir pour
un passé meilleur. Plusieurs intervenants des milieux
médicaux s'intéressent particulièrement au pouvoir de
guérison associé au pardon lorsque celui-ci vient se juxta-
poser à un traitement médical conventionnel.

Tel que je l'entends ici, le pardon ne constitue pas une
étape du deuil ; il en est l'achèvement à un niveau plus
élevé : le niveau spirituel. Le pardon véritable comporte
trois volets : pardonner à l'autre, demander pardon et se
pardonner à soi-même.

Le pardon véritable implique que...

- Vous avez dépassé l'émotivité et réglé les situations restées en suspens.

- Vous n'êtes plus dépendant de la relation avec le défunt.

- Vous avez le désir profond de vous libérer, de pardonner, et ce désir est ressenti de l'intérieur.

Un pardon prématuré n'apportera pas la paix profonde et la guérison que vous souhaitez. Il en a été ainsi pour les premières tentatives de Charles.

> *Ça faisait plus de six ans que maman était décédée lorsque je me suis rendu compte que je faisais du surplace. Je passais plus de temps à chercher les pièces manquantes du casse-tête de ma vie qu'à vivre au présent.*
>
> *Je ne sais combien de fois j'ai fait des exercices pour clore les situations inachevées avec ma mère. Je tentais, en quelque sorte, de mettre nos comptes à zéro. J'essayais de lui pardonner, je lui demandais pardon. Aujourd'hui, je comprends que j'étais beaucoup plus avec ma tête. Le cœur n'y était pas vraiment.*
>
> *J'aspirais à une paix profonde, à quelque chose de plus grand, mais il me restait toujours une certaine amertume. C'est alors que, soutenu par Suzanne, j'ai amorcé une démarche de véritable pardon, de guérison.*

En raison de l'aspect inattendu du décès de sa mère, des blessures affectives qui ont marqué son enfance et son adolescence, et de conflits persistants non réglés, le deuil de Charles a été très complexe et très long avant que survienne le véritable pardon.

Lorsque j'ai accepté de le soutenir dans sa démarche, nous avons beaucoup parlé ensemble. Nous avons convenu de prendre le temps qu'il fallait pour que le désir profond de pardonner soit ressenti de l'intérieur. C'est à ce moment que je l'ai accompagné pour faire l'exercice que vous retrouverez aux pages 188 à 191.

Je désire souligner ici que même si plusieurs personnes croient que, pour pardonner, il faut entrer en contact avec les personnes qui nous ont blessé affectivement, qui nous ont fait de la peine, tel n'est pas le cas. Ce qui est nécessaire, c'est d'accepter la douleur de la blessure, de la vivre **et d'avoir vraiment l'intention de s'en libérer**. Il faut laisser partir la rancune, cette prison où l'on s'enferme pour un forfait commis par d'autres.

Le travail de pardon peut aussi être effectué auprès des vivants à partir du même exercice avec les variantes qui s'imposent. Cet exercice exige que vous vous détachiez de votre vieille habitude de toujours vouloir avoir raison ou de toujours vouloir gagner, et que vous remettiez en question certains des comportements que vous avez appris. La liberté, la paix et l'énergie que vous en retirerez dépasseront largement vos espérances. C'est ce que j'appelle « être en contact avec les plus grandes Forces de Vie » ou avec la dimension spirituelle.

Pour m'aider à faire la traversée consciente de mon deuil...

Pour s'ouvrir à la grâce du véritable pardon...

Le pardon est l'abandon du passé.
C. Japolsky

- Commencez par un exercice de détente.

- Vous pouvez demander à votre « grande oreille » de vous lire cet exercice très lentement. Vous pouvez aussi le lire vous-même ou, mieux encore, l'enregistrer sur cassette et l'écouter par la suite.

- Servez-vous d'une photo ou d'un objet significatif pour vous relier à la personne décédée.

- Tout doucement, imprégnez-vous de ce que signifie le pardon pour vous.

- Centrez votre attention au milieu de votre poitrine, là où se trouve le cœur.

- Imaginez un espace libre à cet endroit.

- Visualisez maintenant la personne à qui vous voulez pardonner.

- Placez cette personne dans l'espace libre, et doucement, tout doucement, ressentez sa présence.

- Maintenant, parlez-lui dans votre cœur.

- Prononcez son nom et dites :

  [nom de la personne] _____ *, je te pardonne tout ce que tu as pu faire tout au long de notre histoire et qui m'a blessé. Je te pardonne tes paroles, tes gestes et tes actes, que tu aies agi inconsciemment ou avec l'intention de me faire du mal.*

- Ressentez cette personne dans votre cœur. Si vous avez de la difficulté à le faire, ou si vous ressentez de la raideur, ne vous jugez pas. Accueillez ces manifestations avec respect.

- Usez de douceur, de beaucoup de douceur, et ouvrez-vous doucement.

- Si vous ressentez de la douleur, laissez-la s'exprimer. Accueillez-la. S'il subsiste une brûlure comme de la colère ou de la rancune, prenez le temps de la ressentir et de l'accueillir.

- Adressez-vous à nouveau à la personne dans votre cœur.

  [nom de la personne] _____ *, je te pardonne,* et si une situation particulière nécessite le pardon, ajoutez : *pour* _____
  [mentionnez la situation en question].

- Faites une pause en laissant glisser, s'il y a lieu, les derniers effluves de ressentiment.

- Prenez le temps de vous sentir bien.

- Maintenant, préparez-vous à demander pardon à la personne décédée.

- Visualisez l'image de *[nom de la personne]* _____ dans votre cœur.

- Parlez-lui dans votre cœur :

  [nom de la personne] _____, *je te demande pardon pour tout ce que j'ai pu faire tout au long de notre histoire et qui t'aurait blessé. Je te demande pardon pour mes paroles, mes gestes et mes actes, que j'aie agi inconsciemment ou avec l'intention de te faire du mal.*

- Laissez votre cœur s'adoucir, acceptez d'être pardonné, libéré. S'il y a des situations particulières pour lesquelles vous souhaitez recevoir le pardon, dites tout doucement :

  [nom de la personne] _____, *je te demande pardon pour* _____
  [mentionnez la situation en question].

- Laissez tout se dissiper. Laissez partir tous les regrets, s'il en reste.

- Lâchez prise.

- Laissez partir cette personne.

- Faites une pause, jusqu'à ce que vous ressentiez que c'est fluide à l'intérieur de votre cœur.

- Maintenant, tout doucement, créez à nouveau un espace à l'intérieur de votre cœur.

- Prenez-y place, prenez le temps de vous y installer et de vous y sentir à l'aise.

- Prononcez votre nom :

  [Votre nom] _____, *je te pardonne pour* _____
  [telle situation].

- Laissez-vous imprégner d'amour envers vous-même.

- Laissez-vous imprégner de compassion envers vous-même. (Vous pouvez visualiser en même temps une couleur comme le vert émeraude [c'est la couleur de la guérison].)

- Imprégnez-vous d'amour et de compassion.

- Pardonnez-vous. Ne vous accrochez pas à la douleur, à la culpabilité.

- S'il en subsiste, laissez se dissiper les effluves de mépris envers vous-même.

- Laissez flotter la paix.

- Gardez votre cœur ouvert. Ouvert à vous, aux autres, à la vie.

- Prenez quelques instants pour ressentir cette paix, cette joie profonde.

Quelques témoignages

Les mots demeurent toujours inadéquats pour décrire la profondeur du pardon véritable. Il constitue pour chacun de nous un Savoir intime, c'est un état. Néanmoins, voici quelques témoignages de personnes qui parlent de leur expérience de pardon avec la personne décédée.

– *Je me sens complet avec maman.*

– *Plus d'amertume, plus de regrets, plus de culpabilité ! Seulement un sentiment profond de bien-être, un état de grâce.*

– *Tout ce qu'il y avait de sombre dans mon histoire avec ma femme est éliminé. Il ne me reste qu'une lumière que j'appelle la paix.*

– *Lorsque j'ai vraiment accordé le « pardon », j'ai été envahie par une grande joie intérieure.*

– *C'est difficile à expliquer, mais les seuls liens qui subsistent avec mon fils sont maintenant à l'intérieur de moi ; ils sont « spirituels » pour ainsi dire.*

– *Maintenant, quand je pense à mon mari, c'est à un autre niveau que ça se passe. Je ressens comme un grand courant d'Énergie qui me traverse.*

– *Le pardon a ajouté une dimension plus grande en moi, une dimension plus sacrée.*

– *Maintenant que tout a été pardonné, il n'y a plus de profits, plus de pertes quand je pense à mon histoire avec ma femme ; c'est la paix et la quiétude qui prédominent.*

Fin de l'histoire de Charles

> *Ma vie n'est plus pareille et ne sera jamais plus pareille désormais. Je suis de plus en plus ouvert aux autres. J'apprends la véritable compassion. Merci, maman, pour ta grande sensibilité !*

> *Certains jours sont encore très difficiles et je dois lutter pour demeurer sobre.*

> *Merci, maman, pour ton courage. Quel bel héritage tu m'as laissé ! Sensibilité et courage !*

Quelques semaines plus tard, Charles a marqué ce passage important de sa vie par la célébration d'un rituel pour dire adieu à sa mère.

Personnellement et professionnellement, j'intègre les rituels à toute démarche de « guérison ». Même si ce n'est pas le thème de cet ouvrage, je trouve important d'ajouter quelques mots sur les rituels de deuil.

QUELQUES MOTS SUR LES RITUELS

Elle n'est pas si lointaine l'époque où les rituels religieux ponctuaient le travail de deuil. J'ai encore tout frais à la mémoire ces moments, où, soutenus par la communauté, nous partagions des parties de nos histoires respectives avec le défunt au cours de longues veillées funèbres. Ou encore, lorsque réunis en cortège, nous accompagnions le corps à l'église drapée de noir. Les funérailles avaient alors un tout autre sens. Par nos prières communes, nous affirmions notre foi et nous aidions le défunt à traverser dans l'au-delà. La musique funèbre stimulait l'expression de notre peine. Il en était de même pour la mise en terre, alors que les poignées de terre jetées sur le cercueil nous rappelaient que le corps retournait à la terre tandis que l'âme était déjà partie pour l'au-delà. La vie reprenait ensuite son cours avec le repas funéraire qui suivait. Les vêtements portés en public passant du noir au gris, puis du violet au blanc marquaient les différentes étapes du deuil. Le service anniversaire marquait la fin du deuil.

Bien que la religion s'inscrive encore en filigrane dans nos vies, ces rituels ont presque tous disparu. Ceux qui restent ou qui les remplacent ne sont plus significatifs pour de nombreuses personnes dans cette société ultramoderne et matérialiste où nous évoluons.

Je ne crois pas qu'il faille revenir à ces pratiques pour redonner le sens du sacré à la mort et au deuil. Je crois plutôt que, inspirés par ces rituels et par ceux des différentes traditions, nous sommes arrivés à un moment de notre histoire collective où nous devons créer nos propres rites. Je pense à des rituels nouveaux, qui nous ressemblent et nous rassemblent ; qui nous rappellent que le sacré est en nous, qu'il est source de guérison, qu'il nous permet de témoigner, de dire ensemble notre peine lorsqu'un des nôtres nous quitte.

J'ai mentionné quelques rituels tout au long de ce livre et, comme nous en sommes arrivés à l'étape où le deuil se termine, je m'attarderai au rituel de l'adieu, qui constitue un passage important dans votre histoire.

Pour accomplir un rituel d'adieu, vous devez être en paix avec le défunt et avec vous-même, et être dans un état d'accueil et non avec une mentalité de victime.

Le rituel est une cérémonie sacrée ; il doit être préparé avec une minutie et un respect qui lui conféreront tout son sens.

Pour préparer un rituel collectif plein de signification

- Demandez la collaboration de vos proches.

- Utilisez des objets symboliques, qui sont significatifs pour vous.

- Personnalisez les textes, les prières, la musique.

- Rappelez-vous que le rituel d'adieu est une cérémonie qui constitue un passage important dans votre histoire.

Le rituel d'adieu *clôt* le chapitre de l'histoire avec le défunt et en ouvre un autre sur la vie, avec une vision nouvelle.

Le rituel de Charles pour dire adieu à sa mère

J'ai accompagné Charles lorsqu'il a préparé le rituel pour dire adieu à sa mère. J'ai agi à titre de célébrante. Avec sa permission, j'en décris intégralement le déroulement.

Charles a mis sa plus belle nappe sur la table. Il y a déposé des fleurs, de l'encens, une plante, une bouteille de champagne et, pour chaque invité, une chandelle bleue et une coupe à champagne.

À un bout de la table, il a érigé ce qu'il appelait son autel : trois chandelles de couleur différente qui encadraient une photo de sa mère, ainsi que deux objets qui symbolisaient les qualités de sa mère. Il a aussi choisi soigneusement une musique douce.

Je me suis placée debout derrière Charles qui, assis, faisait face à la photo de sa mère. Les invités ont pris place autour de la table.

Puis, la cérémonie a commencé par la musique choisie pour l'occasion :

1. Détente profonde pour ensuite s'ancrer au sol.

2. Suzanne : *Charles, regarde bien la photo de ta mère. Regarde-la bien dans les yeux et prononce son nom trois fois.*

   — Allume la chandelle blanche que tu as choisie comme symbole du passé et, du plus profond de ton cœur, dis à ta mère ce qu'il te reste à lui dire. Laisse monter l'émotion.

   (Pause)

   — Allume maintenant la chandelle violette que tu as choisie comme symbole du présent. Reprends un des objets qui symbolisent une qualité que tu as remarquée chez ta mère et place cet objet sur ton cœur. Ouvre ton cœur et imprègne-toi de cette qualité. Reprends l'autre objet qui symbolise une autre qualité que tu as remarquée chez ta mère et place cet objet sur ton cœur. Ouvre ton cœur et imprègne-toi de cette qualité. À présent, bénis ta mère à ta façon.

3. Charles : *Maman, je te bénis pour ton passage dans mon histoire. Je te bénis afin que tu accomplisses ce que tu dois dorénavant accomplir.*

   (Pause)

4. Suzanne : *Charles, allume la chandelle bleue que tu as choisie comme symbole de l'avenir. Exprime ce que tu désires partager avec nous.*

5. Charles : *Je respecte la Vie, les transformations qui me permettent de guérir, de rester sain et d'évoluer. Pour vous remercier d'être ici, je partage avec vous la flamme de la Vie.* (Avec sa chandelle bleue, Charles allume les chandelles de ses voisins de gauche et de droite, et ainsi de suite jusqu'à ce que chacun ait reçu la flamme. On éteint les lumières.)

6. Charles : *Recueillons-nous en nous centrant afin que cette flamme se propage et nous relie avec ceux qui souffrent.*

(Pause)

7. Une fois les lumières rallumées, Charles ouvre le champagne, remplit les coupes et verse un peu de ce liquide sur la terre où se trouve la plante.

8. Charles : *À la transformation de la vie !*

La rencontre se termine dans la joie, dans la Vie, et nous partageons un repas communautaire.

Quelques exemples de rituels d'adieu

Pour dire adieu à Ginette, ma sœur bien-aimée.

> *Réunis au cimetière un an après son décès, les proches ont lu avec beaucoup d'émotion un texte de remerciement pour ce qu'elle leur avait laissé en héritage au cours des 53 ans où elle avait partagé leur histoire.*

> *Au-dessus de nos têtes flottait un ballon translucide (perméable à la lumière, à la façon de nos croyances face à la mort) à l'intérieur duquel se trouvait, enroulé, le même texte. Nous nous sommes ensuite recueillis pour laisser parler notre cœur dans le silence. Puis, c'est serrés les uns contre les autres que nous avons observé le ballon emporté par le vent après avoir coupé la corde qui le retenait. Nous*

> *sommes restés là, reliés, immobiles, émus, jusqu'à ce que le ballon soit totalement hors de notre vue. Nous sommes ensuite rentrés à la maison et avons célébré la vie par un repas communautaire arrosé de bon vin.*

Avec la permission de Léonie, voici un autre rituel d'adieu très significatif.

> *Après la messe célébrée à l'occasion du premier anniversaire de la mort de Denis, les proches se sont réunis à la maison sur mon invitation et nous avons fait ensemble notre rituel d'adieu.*
>
> *Nous nous sommes rassemblés autour d'un feu de cheminée préparé avec du bois que mon mari avait lui-même coupé, et nous nous sommes recueillis. Les personnes qui le souhaitaient sont venues à tour de rôle jeter dans le feu une lettre qu'elles avaient écrite à Denis, et nous la regardions se consumer. Quand tout cela fut terminé, j'ai ouvert une bouteille de champagne. Nous avons trinqué à la vie et à la joie, et nous sommes passés à table.*

J'ai un jour participé à un rituel que j'ai trouvé très spécial, et que j'appelle le « rituel du blé ».

> *Après avoir lu un très beau texte d'espoir, le célébrant nous a rappelé que la personne défunte continuait à vivre en chacun de nous par l'héritage spirituel qu'elle nous avait légué. Il nous a ensuite invités à accomplir un geste sacré en jetant à tour de rôle quelques grains sur le sol où reposaient les cendres du défunt. La cérémonie s'est terminée sur cette affirmation collective : « De la mort doit renaître la vie. » Et c'est en gardant ces mots en tête que nous avons partagé le repas qui a suivi.*

L'expérience de la transformation

Le deuil, comme tous les grands « chaos » de la vie, recèle un grand potentiel d'évolution spirituelle, car la souffrance a le pouvoir de nous rapprocher de notre sensibilité. Elle nous rend ainsi plus authentique et nous ouvre à notre véritable identité. Vécue et dépassée, cette souffrance donne une dimension plus vaste, plus profonde à notre être et à la vie.

Aucun vocabulaire ne parviendra jamais à traduire l'expérience de transformation spirituelle, précisément parce qu'elle est *expérience* d'ouverture du cœur. Les gens qui ont vécu des expériences profondes, entre autres à l'occasion d'un deuil, transforment fréquemment leur échelle de valeurs pour rendre ces dernières plus humaines, moins superficielles. Ils établissent ainsi des priorités nouvelles qui orienteront dorénavant leur vie.

Dans le cadre de l'exercice de ma profession, j'ai proposé à diverses personnes arrivées à la fin de leur démarche d'effectuer l'exercice suivant :

> *La souffrance et le deuil génèrent souvent des transformations profondes, parfois même à notre insu. Pour vous, y a-t-il eu transformation ? Complétez la phrase suivante :*
>
> *Je prends conscience que...*

Voici quelques-unes des réponses qu'a suscitées cet exercice :

— J'admire la nature avec des yeux différents ; j'y vois beaucoup plus la perfection, l'harmonie.

— Je prends plus de temps pour moi ; je m'arrête pour m'écouter respirer.

— *Je suis beaucoup plus souple et j'ai moins besoin d'avoir raison.*

— *Je comprends mieux mes émotions et je les accepte mieux aussi.*

— *Je m'efforce de dire plus souvent à mes proches que je les aime.*

— *Je donne une poignée de main plus chaleureuse, j'essaie d'y faire passer mon amitié.*

— *Je travaille à me défaire de mes préjugés.*

— *Je m'arrête pour écouter les oiseaux, le murmure du ruisseau, le vent ; ce que je n'avais jamais fait auparavant.*

— *Je suis beaucoup plus attentive aux autres. Par exemple, je souris aux gens dans la rue, même à ceux que je ne connais pas.*

— *Je suis moins portée à juger les autres ; je développe ma compassion.*

— *Je suis maintenant capable de refuser, de dire non, sans me sentir coupable.*

— *Je suis beaucoup plus en contact avec ma sensibilité.*

— *Je ne vois plus la vie de la même façon ; je me questionne beaucoup sur le sens de la vie et de la mort.*

— *Je ne remets jamais à plus tard ce que je juge important de dire ou de faire.*

– Je me suis rapproché de Dieu.

– Je suis beaucoup moins exigeant envers moi-même et envers les autres.

– Je porte beaucoup plus attention aux autres. Par exemple, au travail, je salue mes compagnons, je les invite, je les félicite. Avant, je rentrais au bureau la tête baissée.

– Je ne fais plus de l'argent une priorité ; je m'occupe beaucoup plus de ma famille, de ma femme et de mes enfants.

– Je me suis fait de nouveaux amis et j'ai mis fin à des relations qui ne m'apportaient rien.

– Je cherche encore à comprendre beaucoup de choses, mais j'accepte de ne pas avoir toutes les réponses.

– Je suis beaucoup plus généreux qu'avant.

– Je fais beaucoup plus attention à ma santé qu'avant.

– Je vis de façon plus consciente et responsable.

– Je suis une bien meilleure personne.

Et la liste pourrait s'allonger encore et encore. Aucune de ces réponses n'est meilleure, plus juste ou plus noble que les autres. Elles ne sont en fait que le reflet de prises de conscience survenues au moment où l'exercice a été effectué. Traduites en actions concrètes, ces prises de conscience s'inscrivent dans un mouvement de changement, de transformation, d'évolution. Elles incitent à se mettre au service de la vie.

Se mettre au service de la vie

Se mettre au service de la vie, c'est se relier à l'autre, aux autres, en offrant spontanément, et gratuitement, un sourire, un regard, un geste, une attention, une prière, une bénédiction, un talent, tout cela enveloppé de tendresse et de compassion.

Se mettre au service de la vie, c'est ouvrir son cœur, c'est devenir à la fois plus humain et plus divin, c'est participer à la Vie tout entière.

EXERCICE-SYNTHÈSE

Je suis de l'autre côté des larmes

Je dormais et rêvais que la vie n'était que joie.
Je m'éveillai et vis que la vie n'était que service.
Je servis et je compris que le service était la joie.

R. Tagore

_____

_____

_____

_____

_____

_____

_____

_____

_____

_____

_____

SYNTHÈSE

CONTE OÙ S'INSCRIT EN FILIGRANE LE CHEMINEMENT D'UN DEUIL

Lorsqu'on détache un animal, on lui rend sa liberté.
Lorsqu'on pratique le détachement, on préserve la sienne.

Anonyme

SAMUEL ET SA VIEILLE BARQUE

Un matin, comme tant de matins depuis plus de 50 ans, Samuel s'apprête à partir en mer, mais, consternation ! – Samuel n'en croit pas ses vieux yeux – sa barque a disparu.

Il se met à chercher partout, incrédule, longeant le rivage, fouillant à travers les hautes herbes, puis fébrile, jetant de point en point des coups d'œil vifs vers le large, les yeux plissés, scrutateurs, inquisiteurs – mais où est donc passée sa bien-aimée, sa barque, sa dernière compagne ? Nerveux, Samuel fouine dans tous les recoins rocheux qu'il connaît, scrutant en alternance la mouvance des eaux berceuses, encore trompeuses dans ses mille reflets du matin. Tant d'images, tant de mouvances en lui aussi, tant de sentiments le taquinent, tourbillonnent tel un remous... Samuel qui a le pied marin perd un peu contenance ; mais il se raccroche en portant le regard au loin, de plus en plus loin vers l'horizon. En vain, rien en vue... du moins rien de connu, rien de ce qu'il cherche, rien de ce qui le rassurerait, rien de ce qui lui ferait reprendre pied.

Samuel s'active, s'agite, questionne et alerte tour à tour les autres pêcheurs de sa petite baie. Tout désolés qu'ils soient du mauvais sort qui l'afflige, personne ne peut lui rendre sa Madeleine, pourtant bien connue de chacun, surtout depuis qu'il y a deux ans il l'avait repeinte d'un rouge jugé un peu trop pompier au goût généralement sobre de ses compagnons marins. Mais personne ne s'était avisé de lui dire ou de l'exprimer en sa présence, tous ces braves compagnons ayant compris que leur ami Sam avait probablement essayé de s'égayer un peu depuis que certains événements malheureux étaient venus ternir sa vie.

— *Je ne pourrai pas continuer à vivre sans elle, c'est tout ce qu'il me reste. Ma barque, c'est toute ma vie*, se lamente-t-il, contrastant avec sa pudeur habituelle. Tandis qu'en lui-même sa pensée poursuit : *Y a juste ma Madeleine qui connaît tous mes secrets ; c'est à elle que j'ai toujours tout confié…* Dans la mémoire de Samuel, resurgissent à la bousculade tous les moments intenses où il avait eu besoin de partir en mer pour cacher sa peine. *Ouais… C'est sur elle que j'ai versé mes larmes quand mes gars, l'un après l'autre, ont décidé de partir pour la grande ville… Et c'est encore sur ses vieilles planches usées que j'ai vidé ma peine quand mon Aurélie est partie pour son dernier voyage…*

Comme s'il y prenait racine, comme s'il s'y enfonçait, comme s'il s'y accrochait, la peine de Samuel devient une ritournelle qu'il répète jour après jour ; cependant, notre homme est de plus en plus triste. Il va désormais s'enquérir chez les pêcheurs des baies voisines et pousse même jusqu'aux villages d'arrière-pays, décrivant sa barque dans le moindre détail, oubliant bien sûr de mentionner les fissures, les rapiéçages et la peinture craquelée bien que rafraîchie. À l'entendre, sa *Madeleine* reprend les allures d'une jeunesse au galbe parfait, sa petite barque rapiécée retrouve les allures d'un temps qui remonte à bien longtemps… Samuel vogue, semble-t-il, sur des souvenirs enjolivés…

Puis, rentrant chez lui, il se renfrogne de plus belle, se ronge de remords, s'accuse de tous les torts…

– Ah ! C'est ma faute, j'aurais dû l'attacher plus solidement. J'aurais dû en confier la surveillance à Médor.

Amer, il finit par maudire le Ciel, et même le dieu de la mer qui pourtant l'a protégé tant de fois lors de tempêtes. De dépit, il maudit aussi les autres pêcheurs qui, finalement ennuyés par ses lamentations, s'en sont peu à peu éloignés. Et lorsqu'il les voit partir en mer...

– C'est injuste ce qui m'arrive, moi j'ai toujours été bon et généreux, je ne bois jamais, tandis qu'eux ils se saoulent réguliè-rement.

À qui veut l'entendre, il souhaite du malheur à ce salaud de voleur qui peut-être lui a pris son bien le plus précieux.

Samuel est en pleine tempête, il vocifère, il roule de gigantesques vagues, il crache tous les dragons inconnus qui dormaient au fond de sa douleur la plus sous-marine... Même son sommeil, autrefois réparateur, semble avoir le mal de mer, il souffre de tous ces hauts et ces bas. Et le matin le ramène comme la marée sur la même plage de désolation. Matin après matin, Samuel scrute l'horizon... Rien, toujours rien, sauf de plus en plus de chagrin.

Jusqu'à ce qu'un matin... émerge de profondeurs inconnues de lui un petit moment de lucidité, et que notre ami comprenne, avec une impitoyable évidence, que *non, plus jamais* il ne reverra sa barque... Et, comme un enfant, notre Samuel s'effondre sur le sable, pleure, pleure, jusqu'à épuisement. Puis, finalement, comme tranquillisé, comme réconcilié avec ce qui semble bien être son implacable sort, il se promet, dans ce moment d'apaisement, de ne plus se torturer inutilement avec ce pour quoi il ne peut rien.

Ses jambes de pantalon encore pleines de sable humide, solidaire d'un beau soleil levant qui lentement dissipe les brumes, Samuel se relève ce matin-là du fond de sa propre nuit. Ayant bien compris, il décide de mettre fin à ses vaines recherches.

Puis de nouveaux matins se succèdent et de nombreux jours qui les suivent. Samuel est de moins en moins taciturne, il « radote » moins et sourit plus volontiers.

Ce qui ne veut pas dire que, malgré son beau serment formulé à lui-même pendant son récent moment de lucidité... parfois, discrètement à l'aube, il va encore scruter l'horizon. Évidemment en vain ; et, du coup, immanquablement, sa tristesse revient. C'est comme mettre de la salive sur son doigt pour savoir d'où le vent vient... C'est sa façon à Samuel de tâter un peu l'horizon, de taquiner ce qu'il ressent... Samuel va à la pêche en lui-même et va voir si le gros poisson triste qui a emporté sa barque est encore vivant, ou s'il n'y a pas bel et bien un nouveau poisson, beaucoup plus amical, qui semble s'être mis à bouger et à prendre de l'agrément.

Peu à peu, Samuel se refait des petits matins décents et des jours de plus en plus jasants sur le quai et sur les berges où ses compagnons pêcheurs continuent d'aller et venir, comme de tous temps. Notre « veuf de la barque », comme d'aucuns ont osé le surnommer, cesse peu à peu ses jérémiades. Dans ses meilleurs moments, on l'entend même parler de sa chère barque, des moments de plaisir qu'il a eus en mer, des moments de conversation silencieuse qu'il a entretenus avec elle. Bientôt, les autres pêcheurs se remettent à le saluer amicalement, même qu'un de ces matins le fils Antoine – Antoine à Barnabé à Fernand, tous deux disparus, Dieu ait leur âme ! – lui propose de prendre la mer avec lui.

Antoine, sa barque, Samuel, la mer... Les jours passent, et l'amitié s'installe tout doucement entre les deux hommes. Jour après jour, Samuel partage à Antoine les secrets de la mer, puis ses secrets plus personnels.

Un de ces beaux jours, apercevant un point à l'horizon, croyant reconnaître sa barque qui se balance au gré des vagues, il se rend compte que, non, il n'est plus dans l'espace de peine dans lequel il était il y a encore si peu de temps. Un autre courant semble désormais le porter. Étonné de se sentir serein face à la perspective de sa vieille barque, Samuel observe que tout son corps en ce moment est parcouru d'une grande joie. Est-ce vraiment sa barque ? ou n'est-ce qu'un reflet trompeur ? Peu importe, son sentiment, lui, ne le trompe pas...

Spontanément, lentement, avec une douceur qu'il ne se connaît pas, il fait un grand geste de la main et murmure : *Adieu, ma belle... merci d'avoir partagé mon voyage ! À ton tour, bonne route !*

Cette vision, ce miroitement – peu importe –, vient de rassurer Samuel. Samuel se sent enfin un homme serein et libre. Dans sa longue vie de pêcheur, n'en a-t-il pas vu des centaines d'épaves passagères, mystérieuses inconnues, porteuses de rêves, chatoyantes illusions des petits bonheurs qu'on s'invente à soi-même – ailleurs, au loin – pour se divertir de sa maladresse à apprécier, à goûter son bonheur au quotidien ? Oui, notre « bonheur au quotidien »... Samuel est parcouru d'un frisson...

Dans son cœur autant que dans son corps, la mer continue de rouler, de tanguer, de valser ou de doucement le bercer. Au fur et à mesure qu'il s'est détaché de sa barque, tous ces mouvements de la vie au quotidien se sont inscrits en lui, ils font maintenant partie de lui, partie de son sang, partie de son histoire. Ce sont toutes ces activités qui l'ont rendu vivant. Et maintenant, riche de ce passé accompli, relié en lui à ce qui l'a construit, il découvre la magie du vivant qui se transforme et se perpétue. Sa barque est désormais en lui. Ainsi que tout le paysage de sa vie...

Ému de cette sensation inhabituelle – une sorte d'ivresse venue d'un autre large, d'un autre horizon –, Samuel se demande un instant s'il n'est pas devenu un peu fou.

Même, ne retrouve-t-il pas, dans sa bouche, la petite sécrétion de salive qu'il lui arrivait souvent de goûter, adolescent, quand il rêvait de partir au loin, au pays de l'inconnu, emportant sa belle et lui faisant voir le monde... Oui, le monde... Quelle fabuleuse histoire, songe-t-il à présent...

– Eille ! Ti-toine... Y a queq'chose qui m'dit qu'on va faire une maudite bonne pêche aujourd'hui ! J'ai comme le goût d'ramasser d'la vie à pleins filets !

Et Antoine, pendant qu'il le voit s'activer, entend son nouvel ami chantonner une vieille chanson qu'il a entendue – oh, il y a déjà bien longtemps ! –, une chanson du temps où son père vivait :

Laisse partir ta peine / Si tu veux que ta joie revienne
Laisse partir ton chagrin / Pour que se lève un nouveau matin
Laisse partir, capitaine / Ce qui te retient au port
*Laisse partir, bon marin / Si tu veux voguer au loin...**

© Claude Picard,
d'après une inspiration de Suzanne Pinard.

* Pour partition ou paroles complètes de la chanson, s'adresser à Claude Picard à **claudepicard@litterature.net**

CONCLUSION

DEUX EXPÉRIENCES DE DEUIL TIRÉES DE MON HISTOIRE

Où que tu ailles, vas-y avec ton cœur.

Jean XXIII

PASSER DU DEUIL NON CONSCIENT
AU DEUIL CONSCIENT

Maintenant que nous avons parcouru ensemble les différentes étapes du processus de deuil, je voudrais, en guise de conclusion, vous faire partager deux expériences de deuil qui ont été particulièrement significatives dans ma vie. Vingt-sept ans se sont écoulés entre le décès de mon père et celui de ma sœur Ginette. Ces deux deuils, vécus avec une très grande intensité, ont eu une influence déterminante sur le parcours de ma vie personnelle autant que professionnelle : ce sont eux qui m'ont amenée à faire le travail d'accompagnement de la façon dont je le fais. Jamais je n'aurais pu me mettre au diapason des endeuillés avec l'ouverture et la compassion nécessaires si je n'avais pas eu la connaissance intime de la douleur et des chemins qu'elle emprunte.

Comme vous pourrez le constater, les deux histoires suivantes illustrent bien le passage du deuil non conscient à celui du deuil vécu en pleine conscience.

J'avais 31 ans lors du décès de mon père, et son départ subit m'a causé un immense chagrin. Il faut dire que nous étions très attachés l'un à l'autre. Cette séparation brutale m'a fait prendre conscience de la fragilité de la vie : tellement de situations étaient restées en suspens, inachevées, obscures ; tant de choses qui ne seraient jamais dites et tant d'autres que j'aurais voulu ne jamais avoir dites.

J'étais envahie par des sentiments d'impuissance, de colère, de culpabilité, mais je les enfouissais le plus possible sous ma carapace de femme forte. Je ne comprenais pas ce mal de vivre qui s'emparait de tout mon être. Des questions telles que : « Qu'est-ce que la mort ? » ; « Qu'est-ce que la vie ? » ; « Pourquoi la souffrance ? » se faisaient de plus en plus pressantes. Mes repères religieux et sociaux, si rassurants autrefois, ne m'étaient plus d'aucun secours ; plongée comme je l'étais aux confins du mystère de la vie et de la mort, je n'en recevais aucune réponse apaisante.

C'est dans cet état de bouleversement que j'ai entrepris une quête de sens et une recherche, qui n'ont jamais cessé depuis. Études, lectures, groupes de croissance, méditation, tout cela ajouté à une nouvelle orientation professionnelle figurait à mon itinéraire. Ce fut tout ce parcours d'expériences qui, finalement, quelque vingt-quatre ans après la mort de mon père, m'a permis de terminer mon histoire avec lui.

Ça s'est passé alors que je me trouvais seule en forêt. J'étais assise devant un feu de camp improvisé et je me laissais imprégner par le calme des arbres, des montagnes et du lac qui m'entouraient. Tout en m'abandonnant au silence de la nuit, je me suis surprise à m'adresser aux étoiles à voix haute :

« Si cela vous est possible, portez ce message à mon père. Dites-lui qu'il m'a été parfois difficile, et même très difficile, d'être sa fille préférée, et de rester à la hauteur de l'image qu'il avait de moi. Dites-lui que j'ai conscience que je l'avais idéalisé et que je le reconnais maintenant comme un être humain. Dites-lui aussi que je regrette de

l'avoir manipulé, que je m'en suis longtemps sentie coupable. Dites-lui surtout que je l'ai beaucoup aimé et que je me suis sentie réellement aimée... »

Papa a-t-il reçu ce message ? Je n'ai aucune certitude là-dessus. Cependant, je sens profondément que ces adieux ont marqué la fin de mon deuil et ont achevé ma guérison. J'étais enfin passée de l'autre côté des larmes.

Quelques mois seulement se sont écoulés entre cette expérience et le début de la maladie de Ginette, ma sœur bien-aimée. Ginette a fait partie de mon histoire pendant 53 ans. Nous étions aussi différentes l'une de l'autre que nous pouvions être attachées l'une à l'autre. Elle a été la complice (et parfois la victime) de mes jeux, de mes projets, de mes exploits, de ma vie. Durant les quatre dernières années de son existence, ravagée par le cancer, je l'ai accompagnée avec tendresse, affection et fidélité.

J'étais bien préparée pour la soutenir dans ses espoirs, ses désespoirs et ses détresses. Nous avons revu notre histoire maintes et maintes fois, dans les rires, dans les larmes et parfois dans le silence. Nous avons d'abord resserré, consciemment, nos liens affectifs, pour les défaire petit à petit par la suite. Finalement, j'ai eu l'ultime privilège de vivre, en pleine conscience, l'expérience profonde de terminer notre histoire ensemble et d'en signer la dernière page dans l'amour, un amour inconditionnel.

Au fur et à mesure que la maladie progressait, j'ai dû faire le deuil de différents aspects de notre relation. Malgré le fait que j'y étais préparée et que je souhaitais la fin rapide de ses souffrances, l'annonce de sa mort m'a mise momentanément en état ce choc. Et son absence a laissé un grand vide dans ma vie.

J'étais en deuil. Un deuil profond que j'ai vécu en pleine conscience. Je comprenais ce qui m'arrivait ; j'avais des moyens pour libérer mon chagrin et, surtout, j'acceptais d'être humaine. Ma carapace de femme forte n'avait plus sa raison d'être...

Un an après la mort de Ginette, alors que je préparais un rituel d'adieu collectif, j'ai pleuré, pleuré... Je me suis vidée de tout mon chagrin. C'était la guérison, l'achèvement de mon deuil. Je venais de passer de l'autre côté des larmes.

Ces deux histoires qui illustrent le passage de la souffrance à la guérison parlent d'elles-mêmes. Elles indiquent combien la traversée consciente du deuil peut constituer une aide précieuse. Même lorsque nous sommes plongés dans le malheur, le fait de savoir ce qui nous arrive nous rassure ; cela nous permet de « traverser » sans jugement et sans avoir peur de perdre la raison. On peut vivre avec sa douleur plutôt que d'être noyé par elle. On peut se comprendre soi-même, se respecter, se donner du temps et des moyens pour composer avec cette situation.

Le fait d'être conscient n'enlève évidemment pas la douleur, mais cela peut certes nous permettre de mieux la vivre et de demeurer moins longtemps dans ses méandres. On ne peut échapper à cette loi universelle : la mort fait partie de la vie. Mais en étant plus conscient des réactions qu'elle peut entraîner, on apprend à accueillir même ce qu'on ne comprend pas et qui nous paraît injuste. On apprend petit à petit à ouvrir son cœur, à marcher sur le chemin qui ne nous laisse plus seul et prisonnier, mais qui nous amène de l'autre côté des larmes.

ÉPILOGUE

ADIEU, PETIT FRÈRE, JE T'AIME PROFONDÉMENT !

La tendresse est plus forte que la dureté.
L'eau est plus forte que le rocher.
L'amour est plus fort que la violence.
Herman Hesse

LE DEUIL NE MENT PAS

Bien que je considère ce livre comme complet avec la conclusion de la partie précédente, je n'ai pu m'empêcher d'y ajouter cet épilogue, pour vous faire partager le « cadeau de délivrance » que j'ai justement reçu au moment où j'en achevais la rédaction. Ce cadeau, bien sûr, c'était d'abord et avant tout pour moi ; mais, comme il est arrivé au moment précis où j'étais déjà en communication avec vous, ami lecteur, j'aime bien penser qu'il vous était aussi destiné.

Durant l'été 1996, je me suis isolée dans l'un des plus beaux endroits du Québec, un endroit où la nature est généreuse, afin de relever le défi de produire la première version de ce livre avant la fin de l'année. Je m'étais imposé une discipline très stricte et un rythme de travail très intense pour me permettre de plonger dans de nombreuses histoires de deuil.

Mes journées débutaient toujours par une séance d'exercices méditatifs accompagnés de musique. Pendant deux matins consécutifs, quelque chose d'inhabituel s'est produit. Lorsque la pièce musicale *Inside*, de Stephen Murphy, commençait à jouer, je me sentais envahie par une grande tristesse sans que j'en connaisse la cause. Ma période d'exercices s'achevait alors dans les larmes. Le troisième matin, au moment précis où débutait la musique, j'ai eu une vision très claire : j'étais transportée dans une chambre d'un centre hospitalier et deux grands yeux qui semblaient porter en eux toute la souffrance du monde me fixaient. Je pouvais lire dans ce regard une peur, une frayeur incommensurable. Ces yeux, c'étaient ceux de mon frère Alain, mon cadet de deux ans et demi.

J'étais là, debout devant lui, prise par mes propres préoccupations, sachant pourtant tout au fond de moi que c'était son dernier regard. Et effectivement, je ne l'ai jamais revu vivant, ce petit frère lourdement handicapé physiquement. Il a quitté l'hôpital le jour même pour retourner à la maison et il est décédé deux semaines plus tard, entouré des siens... sauf moi. Non, je n'étais pas là quand Alain est mort.

Parallèlement à cette vision, je me suis retrouvée en contact avec la naissance de ma deuxième fille, survenue dans le même hôpital, quelques heures avant le départ de mon frère à la maison. Il est difficile, et même très difficile, d'expliquer cela ; mais j'ai été replongée simultanément au cœur de deux réalités inscrites aux frontières même de la vie : la naissance et la mort, comme si les deux étaient à proximité l'une de l'autre et qu'elles se touchaient. Émue, secouée dans tout mon être, je sentis ces mots monter jusqu'à mes lèvres :

> *Non, non, ce n'est pas possible, pas moi ! Pas moi qui ne t'ai jamais pleuré. Ça fait 34 ans que tu es mort... et je n'ai jamais fait mon deuil !*

Je voulais crier, mais aucun son ne sortait de ma gorge. J'avais mal, si mal ! Des douleurs indescriptibles me tenaillaient la poitrine. J'étais bouleversée et je me sentais en même temps éparpillée.

J'ai essayé de ramasser des morceaux de notre histoire. Peine perdue ! Aucun souvenir de la veillée funèbre, des funérailles ou de l'après me venait. Tout était occulté à part quelques détails insignifiants. J'avais peine à croire ce qui m'arrivait, moi la spécialiste du deuil, moi si familière avec ces remous de l'âme...

Plusieurs promenades faites dans la nature n'ont pas réussi à m'apaiser ce jour-là. La nuit qui suivit fut agitée et remplie de cauchemars. Le lendemain, me sentant un peu plus calme, j'entrepris mon travail de deuil en racontant notre histoire sur cassette. J'ai d'abord senti le besoin de me justifier.

> *Tu comprendras Alain qu'avec deux bébés, je n'avais guère le temps de penser à toi, de pleurer ton absence. Nous avions tous tellement souhaité cette délivrance, afin que tes souffrances cessent.*

J'ai rassemblé mes souvenirs, privilégiant les moments heureux, les moments de tendresse. Je me suis rappelé nos expéditions dans les bois et dans les champs, sur les voyages de foin avec son fauteuil roulant ; et la pêche au ruisseau, sa participation à nos jeux d'enfants. L'exubérance de ses cris de joie (Alain était muet) me revenait en mémoire. Puis, je me suis souvenue de notre complicité lorsque la détérioration de son état l'a forcé à s'aliter en permanence. Je passais des heures couchée à ses côtés, lui racontant les petits riens qui pimentaient mon travail d'enseignante, ou encore des épisodes de ma vie amoureuse (j'étais dans la vingtaine).

Ensuite, j'ai écouté la cassette. J'ai beaucoup pleuré durant les deux jours qui ont suivi. Ce fut presque un travail de deuil à plein temps. Par la suite, je suis parvenue à me concentrer et à reprendre l'écriture. Je réécoutais notre histoire à l'occasion, ajoutant des choses...

Six mois plus tard, alors que j'étais retournée à l'endroit où j'avais commencé mon livre afin de le terminer, j'ai repris notre histoire. Au fond de moi, je savais très bien qu'il me restait quelque chose de difficile à dire. Spontanément, un matin, j'ai lâché le morceau :

> *Pardon Alain. Je te demande pardon d'avoir eu honte de toi, surtout quand de nouveaux amis venaient à la maison. Tu sais, à l'époque, il fallait cacher l'infirmité, c'était honteux...*

J'ai éclaté en sanglots et j'ai pleuré jusqu'au bout de mes larmes. Quelques jours plus tard, j'ai senti que j'étais arrivée à la fin de mon deuil. C'était comme fluide à l'intérieur de moi. J'ai alors préparé le rituel qui suit pour marquer le passage, la guérison de mon deuil.

Je suis allée au ruisseau qui coule à proximité du chalet et m'y suis recueillie en pensée. Je me suis ensuite ancrée dans le sol, me reliant à la nature tout entière, aux arbres, à la montagne, au soleil qui filtrait timidement à travers les nuages, au vent, à l'eau vive et froide de l'hiver.

Avec des gestes solennels, j'ai déroulé le ruban de la cassette qui contenait le récit de notre histoire. Je l'ai coupé en 24 morceaux pour symboliser le nombre d'années vécues par Alain. J'ai laissé doucement partir les morceaux, l'un après l'autre, en regardant le courant les emporter.

> *Adieu, petit frère, je t'aime profondément.*

Telles furent les paroles que je prononçai, émue, en accueillant en douceur les larmes qui brouillaient mon regard.

> *Merci, Alain, pour la complicité entre nous. Merci aussi pour la joie partagée.*

> *Serait-il possible, petit frère, que ton dernier regard, celui de ma vision, un regard rempli de peur et de frayeur devant l'appel des Forces de l'autre Vie, soit un signe ?*

J'ai bien voulu le croire parce que durant ce moment de grâce, j'ai senti se profiler en moi le thème de mon prochain livre : *Apprivoiser les Forces de l'autre Vie...*

Je te bénis, Alain !

Lac Webster, le 4 janvier 1997.

SUGGESTIONS DE LECTURE

Le deuil en général

JACQUES, Josée. *Les saisons du deuil, La mort tisserande de la vie,* Montréal, Éditions Quebecor, 2002.

RÉGNIER, Roger, et Line SAINT-PIERRE. *Quand le deuil survient, 80 questions et réponses,* Montréal, Éditions Sciences et Culture, 2000.

SÉGUIN, M., et L. FRÉCHETTE. *Le deuil, une souffrance à comprendre pour mieux intervenir,* Montréal, Les éditions Logiques, 1995.

Le deuil des parents

RYAN, Régina Sara. *L'insoutenable absence – Comment peut-on survivre à la mort d'un enfant ?* Montréal, Éditions de l'Homme, 1995. (Traduction de *No Child in My Life,* par Marie Perron.)

SCHIFF-SARNOFF, Harriet. *Parents en deuil – une expérience, des conseils, un réconfort pour ceux qui ont vécu cette expérience déchirante,* Paris, Laffont, 1978.

Le deuil chez les enfants

VARLEY, S. *Au revoir Blaireau*, Paris, Gallimard, 1984.

JACQUES, Josée. *Des souvenirs pour la vie, Guide pour enfant en deuil, accompagné d'un adulte, selon l'âge de l'enfant*, Montréal, Fides-Médiapaul, 2003.

Le deuil périnatal

FRÉCHETTE-PIPERNI, Suzy. *Les rêves envolés, Traverser le deuil d'un tout petit bébé*, Boucherville, Éditions de Mortagne, 2005.

PAQUIN, Caroline. *La chambre vide*, Boucherville, Éditions de Mortagne, 2005.

Pour conférences et séminaires,
l'auteure peut être jointe
à l'adresse électronique suivante :

pinardsuz@hotmail.com